# シュガーケーキってすてき

「シュガーケーキ」はイギリス発祥、19世紀から現在まで世界中で愛されているケーキです。カジュアルなパーティから、ちょっとしたお祝いのケーキまで、さまざまな種類があります。ケーキをデコレーションしているのは、その名の通り「お砂糖」。フルーツケーキをシュガーペーストでカバーしてから飾りつけます。

12cm型　　5cm型

この本では、ふたつのサイズのシュガーケーキを紹介しています。5cm型セルクルを使った手のひらサイズのケーキは、ちょっとしたギフトなどに。12cmケーキ型のものは、パーティの主役にもぴったりです。デコレーションも、初心者の方にも取り組みやすいように工夫しました。

「それでも、やっぱりシュガーケーキは少しハードルが高い……」というときは、バタークリームを使ったケーキも紹介しているので、まずはそこからはじめてみましょう。

色とりどりのアイシングクッキーもあるので、ケーキとセットでつくるのもおすすめです。

バタークリームケーキ

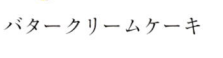

アイシングクッキー

かわいいものづくりに没頭できるのは、とっても幸せな時間です。贈る人の顔を思い浮かべながら、デコレーションを楽しんでください。

ティーパーティの
盛りあげ役に

気のおけない友人たちとの
集まりに、デザートとして
ロマンティックなケーキをどうぞ。
かわいい見た目に話もはずみます。

ゴールドフリル (p.52)、ロマンティックローズ (p.71)

## 大切な思い出を
## エレガントに演出

ウエディングパーティのおもてなしは
オリジナルケーキで。小さくても
主役になれるくらい存在感たっぷり。
スイートな幸せをおすそわけして。

ホワイトフラワー (p.52)、プチブルーモザイク (p.68)、トルコ刺繍 (p.69)、大きなピオニー (p.78)、プリムローズ (p.79)、ホワイトパール (p.79)、バードプレート (p.80)

# ホームパーティの<br>プチギフト

小さなサイズのお菓子たちを
手みやげにするのもおすすめ。
集まってくれた人たちに
楽しい思い出をプレゼント。

フェザー (p.45)、ゼブラ (p.45)、レオパード (p.45)、ゴールデンペイズリー (p.59)、ゴールデンスクエア (p.59)、イズニックタイル (p.68)、トルコ刺繍 (p.69)、ケーキグラッセA (p.72)、ケーキグラッセC (p.72)、デイジーグリーン (p.87)、あひるのポップ (p.88)、お花のポップ (p.88)

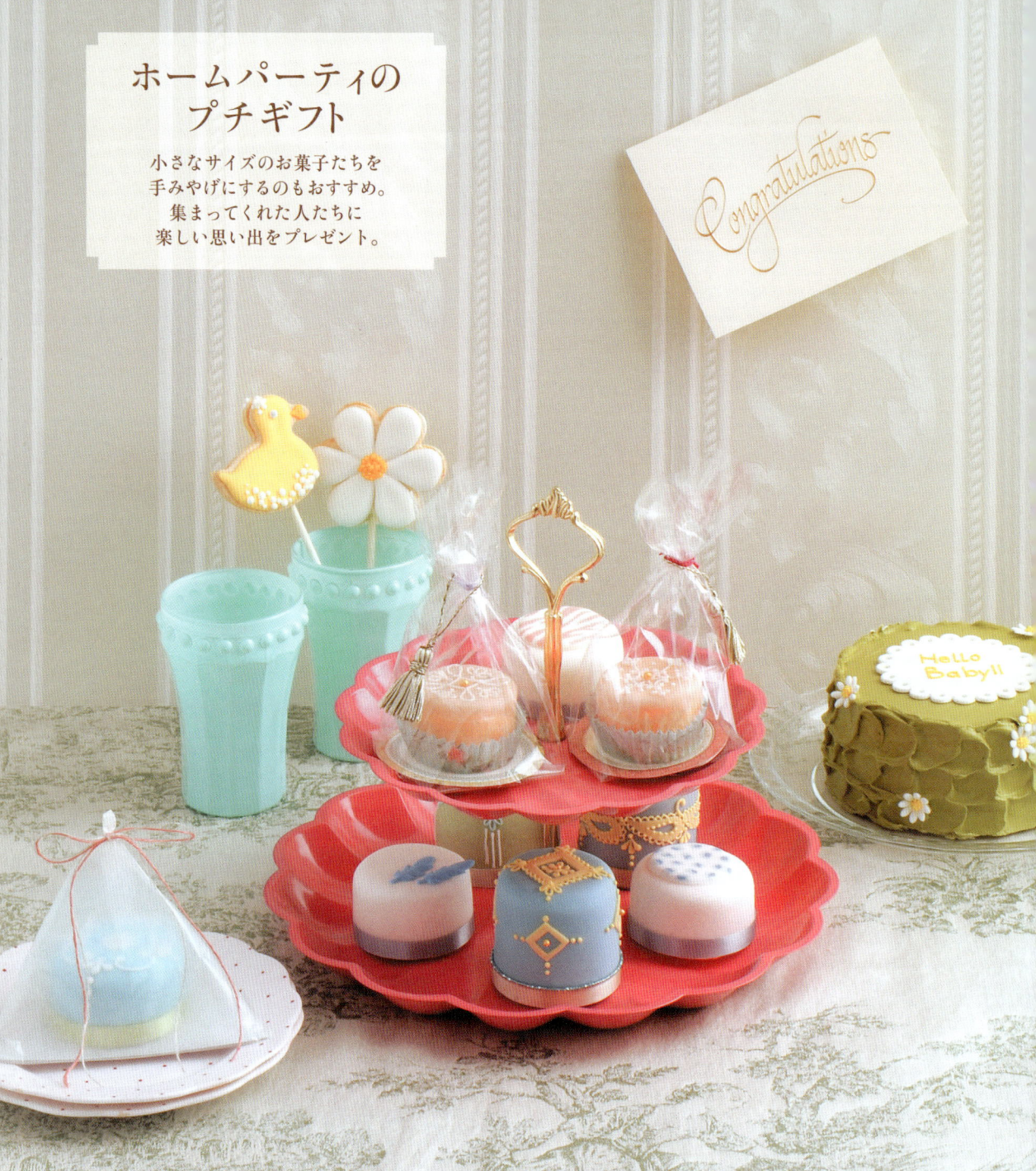

こだわりの
手づくりギフトとして
アニバーサリーのお祝いにも
ぴったりのシュガーケーキ。
日持ちがするから、おいしさをゆっくりと
楽しんでもらえるのもいいですね。

ひいらぎのリース (p.95)、スノークリスタル (p.96)

# Contents

シュガーケーキってすてき　2
この本の使い方　11
お菓子づくりをはじめる前に　12

## デコレーションの素材と基本のお菓子

**デコレーションの素材①**
アイシング　16
　アイシングのつくり方　16

カラーアイシング　18
　カラーアイシングのつくり方　18
　Idea●黒いアイシングのつくり方　18

コルネ　20
　コルネのつくり方　20
　コルネのつめ方　21

アイシングのテクニック　22
　コルネの切り方　22
　コルネの絞り方　22
　ドットを絞る　23
　直線を描く　23
　スカラップ模様（曲線）を描く　23
　ベース（面）をつくる　24
　しずく形・花を描く　24
　Idea●アイシングパーツのつくり方　24

**デコレーションの素材②**
バタークリーム　25
　バタークリームのつくり方　25
　Idea●バタークリームの色のつけ方　25

**デコレーションの素材③**
シュガーペースト　26
　シュガーペーストの扱い方　26
　Idea●黒いペーストのつくり方　26
　飾り用ペーストのつくり方　27

**基本のお菓子①**
バタークリームケーキ　28
　バタークリームケーキ大 のつくり方　28
　バタークリームケーキ小 のつくり方　29

**基本のお菓子②**
シュガーケーキ　30
　シュガーケーキ大 のつくり方　30
　シュガーケーキ小 のつくり方　32

**基本のお菓子③**
クッキー　34
　クッキーのつくり方　34

## キュートなスイーツに ひとめぼれ

**フォークロアのケーキとクッキー** 36
  サークルドット
  トライアングルドット

**トラディショナルなパターンケーキ** 38
  レジメンタル
  タータンチェック
  アーガイル

**スイートなバウムクーヘン** 40
  レース飾りのプラーク
  レース飾りの扇
  リボン

**エレガントなギモーヴ** 42
  エレガントスクエア
  エレガントフラワー

**モードスタイルのミニケーキ** 44
  フェザー
  ゼブラ
  レオパード

デコレーションQ&A 46

## スイーツワールド トラベル

**クラシカルなティールーム**…イギリス 48
  ゴールドクラウン／ゴールドフリル
  ホワイトフラワー／カメオ
  ユニオンジャック／ピンククラウン

**モードなコレクション**…アメリカ 54
  ブラックドレス／ブーツ
  サングラス／ジュエリーボックス
  リボンビジュー／デイジータワー

**エキゾチックな思い出**…インド 58
  ゴールデンペイズリー／ゴールデンスクエア
  ゴールデンアクセサリー／ロータス
  エレファント

**刺繍飾りのある部屋**…チェコ 62
  ダリアモチーフ／チェリーモチーフ
  マーガレットモチーフ／プチダリアモチーフ
  リースモチーフ

**涼やかなモザイク広場**…トルコ 66
  ブルーモザイク／イズニックタイル
  プチブルーモザイク／トルコ刺繍

**ローズのスイーツサロン**…フランス 70
  ロマンティックローズ／ケーキグラッセA
  ケーキグラッセB／ケーキグラッセC

  Idea●ケーキグラッセのつくり方

デコレーションQ&A 74

# part 4
# スイート アニバーサリー

## ノーブルホワイトの記念日
### …ウエディング 76
大きなピオニー／プリムローズ
ホワイトパール／ホワイトボール
バードプレート／ブライダルパンプス

Idea ● ケーキボールのつくり方

## カラフルなパーティ …バースデー 82
カラフルバースデー／パステルバースデー
ボーダーの1／水玉の1
サークルの2／カラフルケーキボール

## Hello Baby!! …ベイビーシャワー 86
デイジーグリーン／BABY
くまのポップ／あひるのポップ
お花のポップ

Idea ● クッキーポップのつくり方

## おとなのマジカルナイト …ハロウィン 90
キュートなゴースト／BOO!
ウィッチハット／グリーンパンプキン
ホワイトアウル／グレーバット

## シルバースノウの夜ふけ …クリスマス 94
ひいらぎのリース／スノークリスタル
レッドハート／シルバーハート
シルバークリスタル／ノエル

Idea ● オーナメントクッキーのつくり方

## Happy New Year! …ニューイヤー 98
ホワイトカメリア
松／竹／梅
つばきのグラッセ

## 幸せをとどける花 …バレンタイン 102
幸せのマーガレット／Be my Valentine
アラベスク／Love
バレンタインポップ

スイーツギフトスタイル 106
この本にでてくる抜き型と取扱店舗 110
アイシングパーツの型紙 110

### この本のきまり

- 200ml=200cc=1カップ。小さじ1＝5ml、大さじ1＝15mlです。
- 卵はMサイズを使用しています。
- 保存期間は冷蔵庫や保存する環境によって異なるので、目安として参考にしてください。
- バターや卵を「室温にもどす」とは、使う前に冷蔵庫から出して常温にすることをいいます。
- オーブンは機種によって焼き時間が異なるので、様子をみて調整してください。
- パーツを接着するためのアイシングはすべて分量外です。
- シュガーペーストを貼りつけるときは、すべて分量外のアルコールを使っています。

# この本の使い方

それぞれのパートの説明と、各レシピの見方です。

## デコレーションの素材と基本のお菓子のパート

### part 1

part 2以降のレシピに共通する、デコレーションの素材と基本のお菓子、デコレーションの基本テクニックの紹介です。

## デコレーションのレシピのパート

### part 2

シンプルなモチーフでできる、かんたんなデコレーションスイーツです。基本テクニックをそのまま使えます。

### part 3

世界一周がテーマのお菓子です。基本テクニックを応用した、多彩なデコレーションが楽しめます。

### part 4

イベントやパーティで使えるスイーツセット。p.107のラッピングアイデアを参考に、ギフトにしても。

**基本のお菓子**
つくり方のページとあわせて記載しています。

シュガーケーキ (p.30)

**デコレーションの素材**
パーツやアイシングを、つくり方のページとともに記載。素材の下に、プロセス内での名称と色名を紹介しています。

＊食用色素
「この本で使っている色について」(p.19)にならって、着色している食用色素をアルファベットで表記しています。

飾り用ペースト (p.27)
・しずく形…黄 (GY)

**トッピング**
色や大きさ、個数は記載していません。好みで調整してください。

アラザン

### part2〜4のレシピについて

＊デコレーションの素材や、基本のお菓子に関しては、part 1 (p.15〜33)を目安とした分量を用意し、必要分をとりわけて使ってください。

＊ケーキに関しては、「バタークリームケーキ」はスポンジケーキにバタークリームをぬったもの、「シュガーケーキ」は、フルーツケーキにマジパンとシュガーペーストでカバーリングしたものを前提としています。

＊できあがり写真は参考例です。トッピング類や着色を調整して、好みのイメージにしあげてください。

＊それぞれのお菓子に使われている抜き型は、「この本にでてくる抜き型」(p.110)で紹介しています。

# お菓子づくりをはじめる前に

## デコレーションに使う道具と材料

### 道具

**1 ルーラー**
クッキー生地やシュガーペーストを均一な厚さにのばすための道具。生地の両側において使用します。

**2 ノンスティック（めん棒）**
シュガーペーストがつきにくいプラスチック製めん棒。

**3 定規**
デコレーションの位置を決めたり、パーツの長さを測るときにも使います。

**4 ケーキナイフ**
ケーキの形を整えるときに使用します。

**5 パレットナイフ**
ケーキにクリームやジャムなどをぬるときに使用。

**6 ペティナイフ**
細かい作業に適した小さいナイフ。シュガーペーストを切りわけるときなどに。

**7 台紙**
ケーキの下に敷くと、クリームをぬるときや、カバーリングする作業がしやすくなります。

**8 回転台**
ケーキにクリームをぬるときや、側面にデコレーションするときに使用。

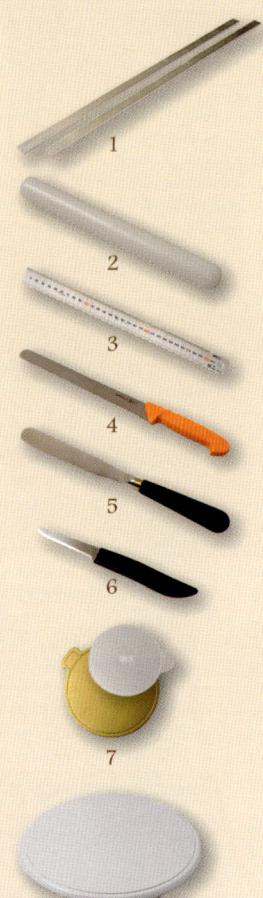

**9 スムーザー**
シュガーケーキの表面をなめらかに整えます。

**10 ノンスティックボード**
シュガーペーストがくっつきにくいボード。ペーストを薄くのばしたいときに使用します。厚めのビニールシートでも代用可。

**11 へら**
シュガーペーストのパーツをつくるのに使用。

**12 スポンジパッド**
へらでパーツをつくるときに、下敷きとして使います。

**13 ピンセット**
トッピングやパーツをお菓子にのせるときに使います。

**14 はけ**
トッピングのキラキラパウダーなどをパーツにはたくときに使用。

**15 小筆**
アルコールなどの液体をパーツにつけるときに。細かい部分につけることもあるので、小さい方が便利。

**16 アルコール**
キラキラパウダーを溶いたり、シュガーペーストのパーツをケーキやクッキーに貼りつけるときの接着剤として使います。

## 基本のお菓子に使う道具と材料

### 材料

**17 メレンゲパウダー（乾燥卵白）**
アイシングの材料。卵白を乾燥させて粉末にしたもの。

**18 粉砂糖**
アイシングづくりに使うほか、シュガーペーストのかたさ調整にも使います。

**19 シュガーペースト**
デコレーションで使います。この本ではのばすだけでよいタイプを使用。

**20 ガムテックス**
シュガーペーストに混ぜて、乾きとのびをよくし、飾り用ペーストにします。

**21 マジパン**
シュガーペーストの前にケーキにカバーします。

**22 食用色素**
アイシングやシュガーペーストに着色するための色素。

### 道具
- ボウル
- 鍋
- ハンドミキサー（なければ泡だて器）
- ゴムべら
- 竹串
- めん棒
- 抜き型
- ケーキ型
- セルクル
- ラップ
- オーブンシート
- 茶こし
- スプーン
- フォーク
- つまようじ

セルクル

### 材料
- 無塩バター
- グラニュー糖
- ブラウンシュガー
- 卵
- 薄力粉
- 強力粉
- ベーキングパウダー
- 塩
- バニラビーンズ（なければバニラオイル）
- ラム酒
- ラム酒漬けフルーツミックス
- レモンピール
- オレンジピール
- アプリコットジャム

＊詳しい内容や分量については、「基本のお菓子」①～③（p.28～34）を参照してください。

### あると便利な道具

**カッティングウィール**
シュガーペーストを、長くまっすぐに切るときにあると便利です。

**すべり止めマット**
小さくカットしてノンスティックボードの下などに敷くと、作業しやすくなります。

◆道具・材料を購入できる店舗
㈱アントレックス　ウィルトンクラス導入直営店舗
http://www.viceversa-e.com/realshop/wiltonclass/

キッチンマスター
http://store.shopping.yahoo.co.jp/kitchenmaster/index.html

ナッツデコ
http://www.nut2deco.com/

## この本で使っているトッピング

**1 シュガーパール**
パールのような光沢のあるデコレーションシュガー。清楚な雰囲気がだせるので、ウエディングやクリスマスに。

**2 ノンパレル**
ビビッドな色あいのデコレーションシュガー。花の中心などにつけるだけでポップな雰囲気に。

**3 銀箔シュガー**
キラキラ感を演出したいときに。アイシングにふりかけるだけでなく、シュガーペーストを丸めたものにつけても。

**4 キラキラパウダー**
細やかなラメのような質感がだせる食用のパウダー。クッキーのアイシング部分やシュガーペーストのパーツに使います。

**5 シュガーパール（レインボー）**
ひとつだけで存在感があるアイテム。色数の少ないデコレーションにプラスするだけで、華やかさを演出できます。

**6 シナモンレッドホット**
シナモン味のキャンディ。強い赤は、しあげのワンポイントにぴったりです。

**7 コンフェッティ**
プレーンなアイシングや、バタークリームのデコレーションにふりかけるだけで、水玉模様のようになってかわいい。

**8 アラザン**
デコレーションのしあげにのせるだけで、ぐんと完成度が高くなります。いろんな大きさを混ぜて使うのもおすすめ。

# デコレーションの素材と
# 基本のお菓子

この章では、デコレーションパーツのつくり方と使い方、
そして、基本となる3種類のお菓子のつくり方を紹介。
デコレーションをはじめる前のプロセスは
すべてここでまとめています。
コツや失敗のポイントも紹介しているので
うまくいかないときは、参考にしてください。

デコレーションの素材①

# アイシング

デコレーションに使う、基本の白いロイヤルアイシングのつくり方を紹介します。加熱処理された乾燥卵白を使っているので、手軽につくれて保存もかんたんです。

**道具**
ボウル
ハンドミキサー
茶こし
フォーク（大きめのもの）

**材料（約600ml分）**
メレンゲパウダー
　（乾燥卵白）…大さじ3
水…大さじ5
粉砂糖…450g

**下準備**
・粉砂糖はふるっておく。

### アイシングのつくり方

**1** メレンゲパウダーと水をかるく混ぜ合わせてなじませる。

**2** ダマにならないように、1を茶こしでこして卵白液をつくる。できたものは、調整用に少し取りわけておく。

**3** 粉砂糖は調整用に少し取りわける。半分量を一度に入れて混ぜ、なじんだら、また半分量を入れて混ぜる。これを粉砂糖がなくなるまでくり返す。

**4** かたくなり、泡だて器で混ぜにくくなったらフォークに変え、フォークの背で押しつけるようにして混ぜる。

**5** フォークでなめらかな線がつき、ツノが立つようになればできあがり。かたい場合には卵白液を、やわらかい場合には粉砂糖を足して、かたさを調整する。

この本で「アイシング」と表記しているものは、ロイヤルアイシングのことを指しています。

**保存するときは**
ふたつきの保存容器にアイシングを入れて、湿らせたペーパータオルを表面にかぶせて保存。冷暗所（常温）で約1週間保存できますが、なるべく早く使いきりましょう。

## アイシングのかたさと使いわけ

かため ←------→ 中間 ←------→ やわらかめ

ツノがピンと立つくらいのかたさ。このかたさを基準にして水分量を調整し、中間ややわらかめのアイシングをつくります。(※この本では使いませんが、口金を使った花などのデコレーションに使います)

ツノがおじぎするくらいが目安。ラインやドット、その他の細かい模様など、オールマイティに使えます。この本ではほとんどのデコレーションにこのかたさのアイシングを使用しています。

すくったときになめらかに落ちるくらいのやわらかさ。すくって落ちたアイシングが、約3秒で表面になじむ程度が目安(小さめのパーツに使うときは約5秒)。アイシングパーツや、広い面に流しこむときに使用。

デコレーションの素材①

# カラーアイシング

基本のアイシングに食用色素を足せば、いろんな色のアイシングがつくれます。
同じ色でも、濃淡が違うだけで雰囲気もまったく変わるので、いろいろ試してみましょう。

### 道具
パレット
パレットナイフ
つまようじ

### 材料
基本のアイシング (p.16)
　…適量
食用色素…適量
水…適量

### カラーアイシングのつくり方

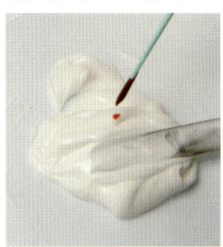

**1** パレットの上にのせたアイシングに、つまようじの先に取った食用色素をほんの少しつける。

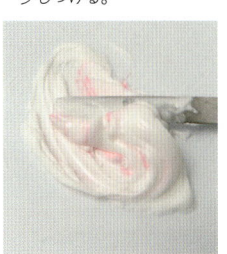

**2** パレットナイフで練る。色を濃くしたい場合は食用色素を足し、薄くしたい場合はアイシングを足して調整する。色がムラなく全体に混ざるようにする。

**3** かたさを調整したい場合は、パレットナイフに水をつけて練る。

**4** ボウルでつくるときは、パレットナイフの代わりにスプーンを使い、泡だてないようにして混ぜる。

### Idea
#### 黒いアイシングのつくり方

アイシングを真っ黒にしたいときは、食用色素ではなくブラックココアを使います。

**1** 白いアイシングにブラックココアを茶こしでふるい入れる。

**2** パレットナイフで手早く練る。好みの色になるまでココアを入れて着色する。

**3** ツヤがでて、なめらかになったらできあがり。やわらかいときは、白いアイシングを加え、かたいときは水を少しずつ加えて調整する。

## この本で使っている色について

この本にでてくるアイシングやシュガーペーストの色は、白を基本に18色あり、[　]内の食用色素で着色しています。
色づくりはとても微妙なので、同じ色にこだわる必要はありません。
下のカラーサンプルを目安に、好みの色をつくって楽しんでください。
色を少し大人っぽくさせたいときは、ほんの少し茶色の食用色素を足すと、色の強さがおさえられるのでおすすめです。

食用色素はすべてWilton社のものを使用しています。カタカナで書かれているのが商品名で、[　]のアルファベットは略称です。

### 使っている食用色素

ゴールデンイエロー[GY]　　モスグリーン[MG]　　ブラウン[BR]
ローズ[RS]　　ロイヤルブルー[RB]　　ブラック[BK]
クリスマスレッド[RD]　　バイオレット[VL]

### この本に出てくる色

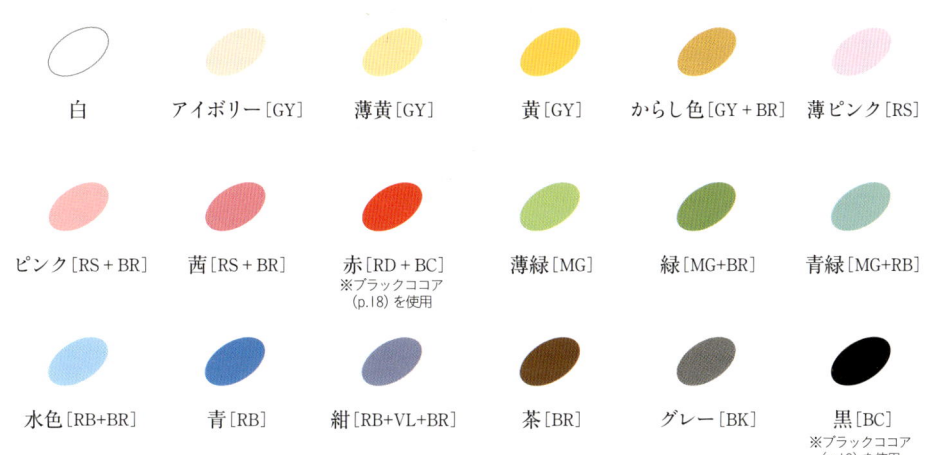

白　　アイボリー[GY]　　薄黄[GY]　　黄[GY]　　からし色[GY＋BR]　　薄ピンク[RS]

ピンク[RS＋BR]　　茜[RS＋BR]　　赤[RD＋BC]
※ブラックココア(p.18)を使用
　　薄緑[MG]　　緑[MG＋BR]　　青緑[MG＋RB]

水色[RB＋BR]　　青[RB]　　紺[RB＋VL＋BR]　　茶[BR]　　グレー[BK]　　黒[BC]
※ブラックココア(p.18)を使用

デコレーションの素材①

# コルネ

アイシングでデコレーションするときは、コルネを使います。
折り方はもちろん、つめ方、切り方にもポイントがあるので、解説をみながら作業を進めましょう。

**材料**

長方形のオーブンシート
（サイズはアイシングの量にあわせる。
ここではＡ４サイズを使用）

## コルネのつくり方

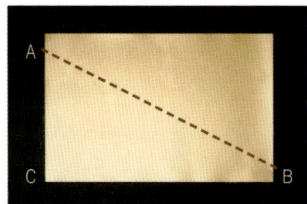

1 長方形の紙を、写真のように少し角からずらした位置で斜めに切る。

2 AがCに重なるよう、くるりと内側に巻く。このとき、AとCの角はぴったりあわせず、少しずらす。

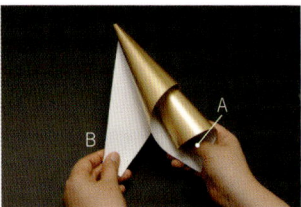

3 Aをしっかり親指で押さえ、Bを2回巻きつける。写真は1回巻いたところ。

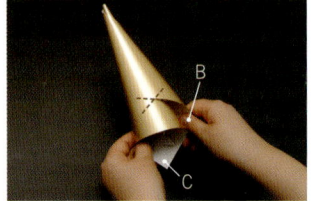

4 先をとがらせるように2回巻く。写真のように紙の重なる×部分はすきまができないようにぴったりと巻く。このときBはCの後ろ側になる。

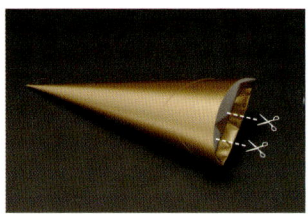

5 A、B、Cが重なった部分を内側に2回折る。折った部分に2か所切りこみを入れて完成。切りこみを入れることで、使用中にずれにくくなる。

＊ここではわかりやすいよう、裏表で色が違う紙を使っています。

## コルネのつめ方

1 コルネにつめる前に、アイシングをよく練ってなめらかにする。

2 パレットナイフで取ったアイシングをコルネの先端まで入れる。

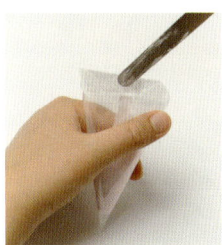

3 パレットナイフを親指に押しつけて、ぬぐうように抜き取る。

4 空気が入らないように、先端までアイシングを押し下げて、両脇を手前に折る。

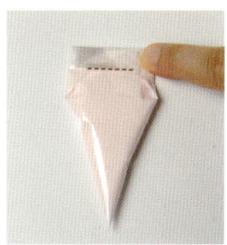

5 手前に巻くようにして折る。折った部分が、アイシングにかかる位置までくるようにする（点線部分）。

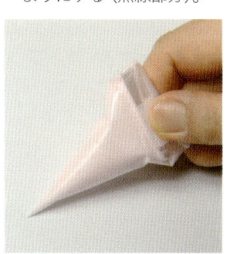

6 さらにもう1回折って完成。これが実際にアイシングでデコレーションをするときの状態。

### 広い面積に使うときは

やわらかめのアイシングを流しこむときは、こちらのコルネが便利です。

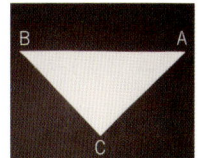

1 正方形の紙を斜めに切る。

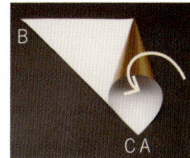

2 AがCに重なるように1回巻く。AとCの角をあわせて、コルネの先端をとがらせる。

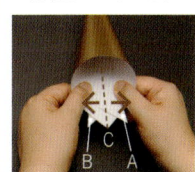

3 Bを巻き、AとBを内側にスライドする。

4 A、B、Cを押さえながら、内側に2回折り、切りこみを入れて完成。

＊ここではわかりやすよう、透明のコルネを使っています。

デコレーションの素材①

# アイシングのテクニック

コルネの切り方、絞り方と、基本の絞り方（ドット・ライン・ベース）に加え、この本のなかででてくる、しずく形、花の描き方を紹介します。

## コルネの切り方

**ライン・ドット用**

基本的な切り方。ラインやドット、その他、オーソドックスな模様を描くときは、コルネの先をまっすぐに切る。切る場所によって、線の太さが変わる。

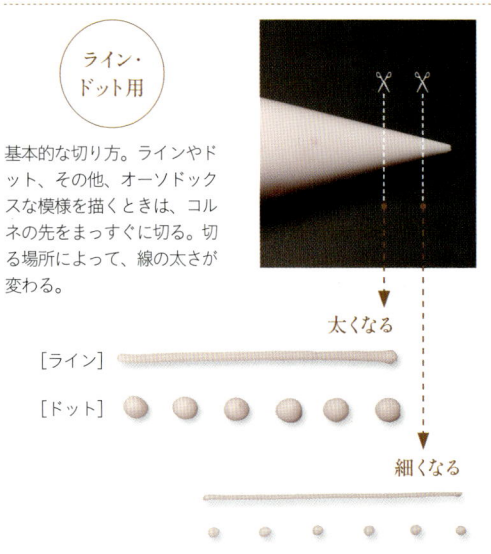

太くなる

[ライン]
[ドット]

細くなる

**リーフ形用**

先端をつぶしてからクロスさせるように切ると、リーフ（葉）形がつくれる。

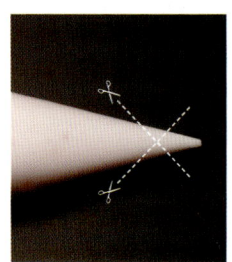

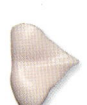

## コルネの絞り方

1 折り曲げた部分の中央（○の部分）を押して、アイシングを絞る。アイシングの量が少なくなってきたら、もう一度折り曲げ、同じように押して使う。

2 利き手ではない方の手首をテーブルなどに固定して、利き手に添えると、安定して描きやすい。

### 押し方に注意！

「折り曲げていない部分を押す」（写真上）、「コルネのサイドを押す」（写真下）は、やってしまいがちな2つのミスです。正しい部分を押さないと、きれいに描けなくなるので注意しましょう。

## ドットを絞る

中間のかたさのアイシングを使用

**1** コルネを押して、好みの大きさの玉を絞る。

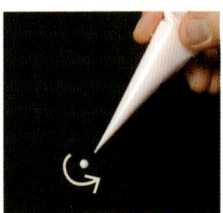

**2** 力をゆるめ、アイシングを切るようにコルネをくるっと手前に引く。コルネを手前に引くことで、ツノが立ちにくくなる。

## ドットを絞るときは

力を抜かずに上方向に引きあげると、ツノが立ってしまいます。ツノは、水で湿らせた小筆などで、かるくたたいて形を整えましょう。

## 直線を描く

中間のかたさのアイシングを使用

**1** 均等な力で絞りながらコルネを持ちあげる。

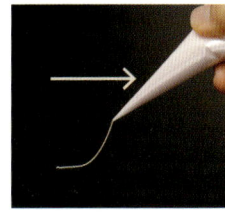

**2** ラインを引きたい方向へ動かす。

**3** 力を抜き、ゆっくりと先端をおろす。長いラインは高く引きあげ、短いラインは少しだけ引きあげて描く。

## スカラップ模様（曲線）を描く

中間のかたさのアイシングを使用

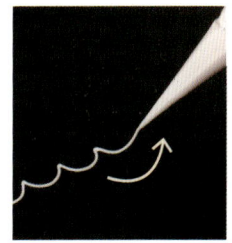

**1** 均等な力で絞りながらコルネを持ちあげ、カーブさせたい方向に動かす。

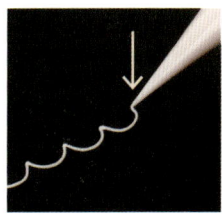

**2** 力を入れすぎず、ゆっくりと好みのカーブを描きながら先端をおろす。1、2を繰り返してスカラップ模様にする。

part1 デコレーションの素材と基本のお菓子

デコレーションの素材①

### ベース（面）をつくる

中間のかたさとやわらかめのアイシングを使用

1 中間のかたさのアイシングで、好みの形にアウトラインを描く。

2 アウトラインが乾いたら、やわらかめのアイシングを外側から埋めるように絞る。

3 アイシングの量が少ないと、下地が透けてみえるので、厚みがでるように絞る。

### しずく形・花を描く

中間のかたさのアイシングを使用

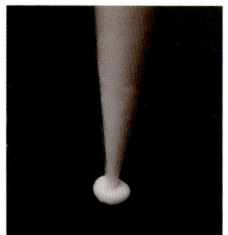

1 しずく形を描く。ドットを絞るように、好みの大きさに玉を絞りだす。

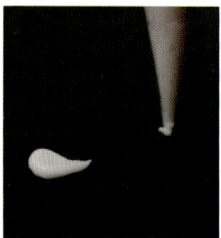

2 力を弱めながら、下にすりつけるようにしてコルネを引く。

3 花を描く場合は、1、2を繰り返して円形に配置する。

### Point  アイシングパーツのつくり方

型紙を使って、パーツをつくる方法を紹介します。（この本で使用しているアイシングパーツの型紙は、p.110で紹介しています）

1 型紙をプラスチックのボードなどにのせ、その上にクリアファイルなどを重ねてテープで固定する。表面にオイルをごく薄くぬると、パーツがはがしやすくなる。

2 型紙に沿ってベースをつくり、乾かして取りはずせば完成。パーツは壊れやすいので、数を多めにつくっておくとよい。

デコレーションの素材②

# バタークリーム

メレンゲを使った、だれにくいタイプのバタークリームのつくり方です。
この本ではプレーンのほかに、着色したクリームも使っています。

## 道具
ボウル（大、小）
鍋
ハンドミキサー

## 材料（つくりやすい分量）
無塩バター…270g
グラニュー糖…150g
卵白…3個分

## 下準備
・バターは室温にもどす。

### バタークリームのつくり方

**1** バターをボウルに入れ、ふんわりと白っぽくなるまで混ぜる。

**2** メレンゲをつくる。別のボウルで卵白とグラニュー糖を混ぜ合わせる。湯せんにかけてさらに混ぜ、卵液が熱くなったら（約70℃）湯せんからおろし、ピンとツノが立つまで泡だてる。

**3** 2のメレンゲを1のバターに少しずつ加えて混ぜ合わせる。

**4** メレンゲをすべて加えたら、なめらかになるまでよく混ぜてできあがり。好みでバニラビーンズ少々を加えてもよい。

### Idea
#### バタークリームの色のつけ方

食用色素以外の食材でもきれいに着色できます

**抹茶**
抹茶を混ぜると自然な緑に。苦くならないように、味見をしながら調整して。
＊デイジーグリーン (p.87)

**ストロベリー**
ドライストロベリーの粉を混ぜると、淡いピンクに。
＊BABY (p.87)

### 保存するときは
バタークリームは匂いがうつりやすいので、密閉できるガラス容器で保存を。保存期間は冷蔵庫で約1週間、冷凍庫で約1か月です。

part1 デコレーションの素材と基本のお菓子

デコレーションの素材③

# シュガーペースト

デコレーションのベースになることが多い素材です。アイシングと同じく、好みの色に着色して使いましょう。飾り用のペーストは、薄くのばすためにガムの粉を混ぜて使います。

**道具**
つまようじ
めん棒
ルーラー

**材料（つくりやすい分量）**
シュガーペースト…適量
食用色素…少々

この本ではペースト状で市販されているwilton社の「ロールドフォンダン」という商品を使っています。

### シュガーペーストの扱い方

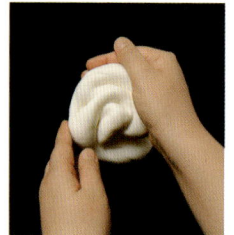

**1** シュガーペーストをなめらかになるまで手でこね、丸くまとめる。

**2** まとめた状態。陶器のようなザラつきのない状態になればよい。着色しない場合はこれで完成。

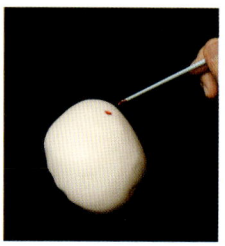

**3** 着色をするときは、つまようじの先に取った食用色素をほんの少しつける。

**4** ペーストを棒状にのばし、ねじりながら色素を全体にのばす。

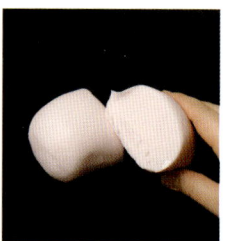

**5** 半分に切り、色が全体にムラなく混ざればよい。

**6** のばすときは、両端にルーラーをおいて厚みが均一になるようにする。ペーストがめん棒にくっつくときは、粉砂糖をまぶす。

### Idea 黒いペーストのつくり方

真っ黒のシュガーペーストをつくるときは、食用色素ではなくブラックココア（BC）を使います。

**1** 白いシュガーペーストをちぎってポリ袋に入れ、ブラックココアを茶こしでふるい入れる。

**2** ポリ袋の中で粉っぽさがなくなるまで練る。

**3** 袋から出してさらに練り、色がムラなく全体に混ざれば完成。

### 材料（つくりやすい分量）

シュガーペースト（p.26）
　…340g
カムテックス…小さじ1

ガムテックスは、ガムの材料にも使われている増粘剤。ペーストに加えて練りこむことで、のびをよくし、乾燥を促します。

### 飾り用ペーストのつくり方

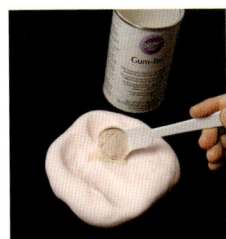

**1** 使いやすいかたさに練ったシュガーペーストに、ガムテックスをまぶす。

**2** ガムテックスが全体に混ざるように、ねじりながら練れば完成。

### 2種のペーストの使い方

シュガーペーストと飾り用ペーストは使い方が違います。

**シュガーペースト**
主にシュガーケーキのカバーリングに使います。水分量が多いので薄くのばせず、飾りのパーツをつくるのには不向き。

**飾り用ペースト**
のびと乾きがよく、薄くのばせるので、花や葉などのパーツをつくるのに向いています。

### 保存するときは

ペースト類は、乾燥を防ぐため、ラップにくるみ、保存袋に入れて常温で保存します。保存期間は約1か月です。

基本のお菓子①

# バタークリームケーキ

スポンジケーキにバタークリームをぬったバタークリームケーキ。
こまめに冷蔵庫に入れて、クリームを重ねるのが、きれいにしあげるコツです。

### 大／小 共通
【道具】
ボウル（大、小）、ハンドミキサー、ゴムべら、はけ、ケーキ型、オーブンシート、竹串

[コーティング用]
台紙、ケーキナイフ、パレットナイフ、回転台

【材料（12〜15cmのケーキ型1個分／12×12cmスクエア型1個分）】
無塩バター…100g
グラニュー糖…100g
バニラビーンズ…適量
（なければバニラオイル）
卵…2個
A ┌ 薄力粉…100g
　 └ ベーキングパウダー…小さじ1
B ┌ 砂糖…100g
　 └ 水…100ml

[コーティング用]
バタークリーム…約300g (p.25)
好みのジャム…適量

【下準備】
・卵、バターは室温にもどす。
・薄力粉、ベーキングパウダーは合わせてふるう。
・Bの材料を合わせて熱し、粗熱をとってシロップをつくる。
・型の底と周りにオーブンシートを敷く。
・オーブンは175〜180℃に温める。

## バタークリームケーキ 大のつくり方

**1** スポンジケーキをつくる。バターをボウルに入れてなめらかになるまで練る。バニラビーンズと、グラニュー糖を3回にわけて加え、そのつどよく混ぜる。

**2** 溶いた卵を4回にわけて加え、そのつど混ぜる。

**3** ふるったAを3回にわけて加える。ゴムべらでさっくりと混ぜ合わせる。

**4** すべて粉を加えて、粉っぽさがなくなればよい。

**5** ケーキ型に4を流し入れ、175〜180℃のオーブンで約30〜40分焼く。

**6** 竹串をさして、先に生地がつかなければ焼きあがり。全体にBのシロップをぬり、粗熱がとれたら、ふくらんだ部分を型の高さにあわせてケーキナイフで切る。

**7** コーティングをする。完全に冷ましたケーキの底面を上にして、回転台にのせる。

**8** ケーキを半分の厚さに切り、表面にBのシロップをはけでぬる。バタークリームをのせて平らにならす。

**9** 好みのジャムを全体に広げる。

## バタークリームケーキ
## 小のつくり方
（5cm型セルクル5個分）

**10** 8と同じようにバタークリームをぬったもう1つのスポンジを上にのせる。

**11** 上面に適量のバタークリームをのせて全体に広げ、竹串をさして固定する。

**12** パレットナイフにクリームを取り、垂直にしてケーキの側面にあて、回転台を回しながらぬる。竹串を抜いて表面をならし、冷蔵庫に入れて5分ほど冷やす。

**13** クリームが冷えてかたまったら、さらに重ねてバタークリームをぬる。スポンジが透けて見えなくなるまで、3回ほどくりかえして完成。

**1** 12×12cmスクエア型で焼いた生地を、基本サイズにならって、表面が平らになるように切る。

**2** 抜き型やセルクルで抜く。スクエアタイプは切ったものを重ねて使う。

**3** 好みで、スポンジケーキのなかをくりぬき、ジャムを入れてふたをする。

**4** 台紙にバタークリームをぬってケーキをのせ、冷蔵庫で冷やして固定する。

**5** 台紙を持ち、「大」と同様に、バタークリームを重ねてぬって完成。

### 保存するときは
ラップで包んで冷蔵庫に入れて3日程度保存できますが、早めに使いましょう。

part1 デコレーションの素材と基本のお菓子　29

基本のお菓子②

# シュガーケーキ

フルーツケーキにシュガーペーストをカバーしたものがシュガーケーキです。
フルーツケーキは焼いてから1日以上たったものを使います。

### シュガーケーキ
### 大のつくり方

**大／小 共通**
[道具]
ボウル（大、小）、ハンドミキサー、ゴムべら、ケーキ型、オーブンシート、竹串

[カバーリング用]
はけ、ラップ、台紙、めん棒、ルーラー、ケーキナイフ、ペティナイフ、スムーザー

[材料（10～15cmのケーキ型1個分）]
無塩バター…60g
ブラウンシュガー…60g
塩…小さじ1/4
卵…1個
A ┌ 薄力粉…35g
　├ 強力粉…35g
　└ ベーキングパウダー
　　　…小さじ1/4
ラム酒漬けフルーツミックス
　（p.32）…50g
レモンピール…50g
オレンジピール…50g
ラム酒…大さじ1

[カバーリング用]
B ┌ アプリコットジャム…100g
　└ 水…100ml
マジパン…420～500g
シュガーペースト
　…470～550g（p.26）
アルコール…適量

[下準備]
・卵、バターは室温にもどす。
・A、ブラウンシュガーはふるっておく。
・Bの材料をあわせて熱して粗熱をとり、こしておく。
・型の底と周りにオーブンシートを敷く。
・オーブンは160℃に温める。

**1** フルーツケーキをつくる。バターをボウルに入れてなめらかになるまで練る。ブラウンシュガーと塩を加え、ハンドミキサーでふわっとなるまで混ぜる。

**2** 溶いた卵を少しずつ加え、そのつどよく混ぜる。

**3** ふるっておいたAを一度に加える。

**4** さらにドライフルーツ類を一度に加え、全体をゴムべらでさっくりと混ぜる。

**5** 粉っぽさがなくなったら、ラム酒を加え、なめらかになるまで混ぜ合わせる。

**6** オーブンシートを敷いた型に生地を流し、160℃のオーブンで約60分焼く。竹串をさして、先に生地がつかなければ焼きあがり。

**7** 全体にラム酒（分量外）をはけでぬって冷ます。粗熱がとれたらラップに包み、冷蔵庫に入れて1日以上おく。冷蔵庫から出して、焼きふくれた部分を切りとり、表面を平らにする。

**8** Bをぬった台紙に、底面を上にしてのせ、全体にもBをぬる。

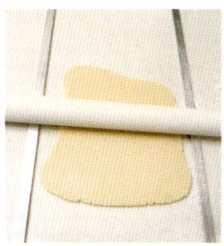

9 ケーキをカバーリングする。マジパンを厚さ5mm均一にのばし、ケーキの直径より1cm大きい円形に切る。くっつくときは粉砂糖をふる。

10 ケーキの高さと円周を測り、サイズにあわせて、マジパンを帯状に切る。

11 10をケーキの周囲に巻きつける。

12 9の円形のマジパンを上面にのせる。

13 スムーザーでこすって、形を整える。

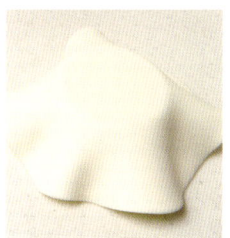

14 ケーキ全体にアルコールをつけ、厚さ7mmにのばしたシュガーペーストを、空気が入らないようにケーキにかぶせる。

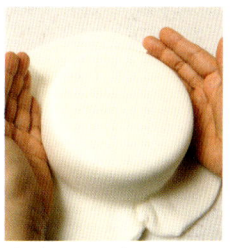

15 最初に上面を押さえてぴったりと密着させ、側面にもしわやひびが入らないように、底までしっかりと貼りつける。

16 余分なペーストを切り取り、スムーザーでケーキの表面を整える。

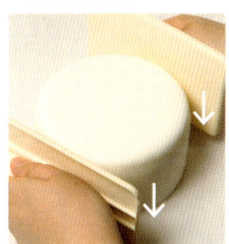

17 スムーザーでケーキを挟み、上から下にむかってこする。

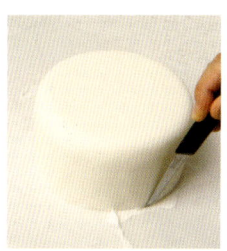

18 はみでてきた余分なペーストを切り取って完成。

基本のお菓子②

## 小のつくり方

**1** 5cm型のセルクルの底面にステンレスの板などを敷いて、160℃のオーブンで40〜50分焼く。竹串をさして、先に生地がつかなければ焼きあがり。

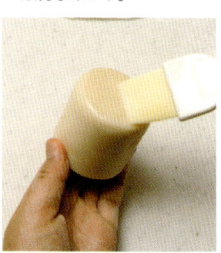

**2** 「大」7〜13と同様に作業し、マジパンをかぶせたケーキに、アルコールをぬる。

**3** 厚さ4mmに均一にのばしたシュガーペーストを空気が入らないように、ケーキにかぶせる。

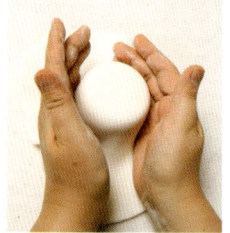

**4** 最初に上面を押さえてぴったりと密着させ、側面にもしわやひびが入らないように、底までしっかりと貼りつける。

**5** 底の余分なペーストを切り取り、スムーザーでケーキの表面をきれいに整える。

**6** スムーザーでケーキを挟み、上から下にむかってこする。

**7** はみ出したペーストを切り取って完成。

---

**ラム酒漬けフルーツのつくり方**

好みのドライフルーツをふたつきの容器に入れ、ひたひたになるくらいラム酒を注ぎます。ふたをして冷蔵庫に入れ、1〜3日程度おきます。この本で使っているのは、レーズン、ゴールデンレーズン、グリーンレーズン、きざんだアプリコットの4種類。

**保存するときは**

フルーツケーキは時間がたつほどに、熟成されてより風味豊かになります。ラップに包んで冷蔵庫に入れ、1か月くらい保存できます。

## ケーキの焼き時間とコーティング・カバーリングに使う素材の分量

ケーキは、型の大きさによって焼き時間が変わるうえ、
それぞれの大きさで、カバーに使う素材の量も違います。
この表は目安の時間や分量です。オーブンや気温によって違いがでるので、
材料を少し多めに用意して調整しましょう。

### スポンジケーキの焼き時間とバタークリームの分量

| ケーキ型 | 焼き時間（175〜180℃） | バタークリーム |
| --- | --- | --- |
| 12cmケーキ型 | 約50分 | 300g |
| 12×12cm型<br>5cm型セルクル4つ分として | 約50分 | 約50g<br>5cm型セルクル1つ分 |

※いずれも竹串をさして、生地がつかなくなれば焼きあがり。

### フルーツケーキの焼き時間とマジパン・シュガーペーストの分量

| ケーキ型 | 焼き時間（160℃） | マジパン | シュガーペースト |
| --- | --- | --- | --- |
| 10cmケーキ型 | 約50分 | 350g | 400g |
| 12cmケーキ型 | 約60分 | 420g | 470g |
| 15cmケーキ型 | 60分〜70分 | 500g | 550g |
| 5cm型セルクル | 25〜35分 | 150g | 200g |

※いずれも竹串をさして、生地がつかなくなれば焼きあがり。
※マジパンとシュガーペーストは、ケーキの大きさに対して7〜8割程度の分量が目安です。

基本のお菓子③

# クッキー

アイシングがしやすいしっかりした生地になるよう、バター、粉、砂糖を配合しています。
かための焼き上がりで、バターの風味がほどよくきいた味わいです。

### 道具
ボウル（大、小）
ハンドミキサー
ゴムべら
ラップ
ルーラー
めん棒
抜き型
オーブンシート

### 材料（20×20cmの天板約3枚分）
無塩バター…200g
グラニュー糖…180g
バニラビーンズ…少々
（なければバニラオイル）
卵…1個
薄力粉…400g

### 下準備
・卵、バターは室温にもどす。
・薄力粉はふるう。
・オーブンは170〜175℃に温める。

### 保存するときは
生地をすぐに使わないときは、ラップにくるんで保存袋に入れ、冷凍庫で保存。1か月以内に使いきりましょう。解凍するときは、冷蔵庫に入れて様子をみながら自然解凍しましょう。

## クッキーのつくり方

1 バターをボウルに入れ、なめらかになるまで練る。グラニュー糖とバニラビーンズを加えてハンドミキサーで白っぽくなるまで混ぜる。

2 溶いた卵を3回にわけて加え、そのつどよく混ぜる。

3 ふるった薄力粉をボウルに入れ2をすべて加える。ゴムべらで縦に切るようにしてさっくりと混ぜ合わせる。

4 粉っぽさがなくなったら、生地をひとまとめにする。

5 生地を使いやすい分量にわける。それぞれをラップにくるみ、冷蔵庫で30分以上やすませる。

6 薄力粉（分量外）を台にふり、使う分量の生地をのせてめん棒でのばす。厚さ5mmになるよう、生地の両側にルーラーをおく。

7 抜き型に薄力粉（分量外）をまぶして、生地を抜く。薄力粉をまぶすことで、生地がくっつきにくくなる。

8 オーブンシートを敷いた天板に、型抜きした生地をのせる。170〜175℃のオーブンで12〜15分焼く。

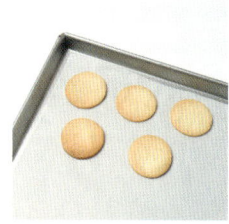

9 ふちに薄い焼き色がつき、中心を押しても生地がへこまなければ焼きあがり。

## part 2

# キュートなスイーツにひとめぼれ

ドットやラインなど
基本的なテクニックでできるお菓子の紹介です。
模様や配色で変わる雰囲気の違いを楽しんでください。
市販のお菓子を使ったレシピは
はじめての人や、気軽にやってみたいときにおすすめです。
シュガーケーキは、パーツを貼りつけるだけの
かんたんなものを紹介しています。

# フォークロアのケーキとクッキー

ドットやラインを組みあわせるだけで民族調の模様に。
模様を描きはじめる場所に気をつけると、全体のバランスがくずれにくくなります。

**材料とつくり方**

## サークルドット

**バタークリームケーキ／小** (p.28)
[縦5×横10×高さ6cm]
・バタークリーム…白

A
**シュガーペースト** (p.25)
・ベース…水色（RB+BR）
・円形…紺（RB+VL+BR）
**アイシング** (p.16)…白

B
**シュガーペースト** (p.26)
・ベース…紺（RB+VL+BR）
・円形…水色（RB+BR）
**アイシング** (p.16)
・ドット…白
・上下の模様…茜（RS+BR）

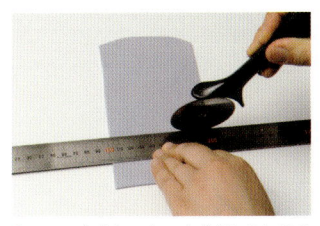

**1** ペーストをケーキの大きさにあわせて切り、ベースをつくる。

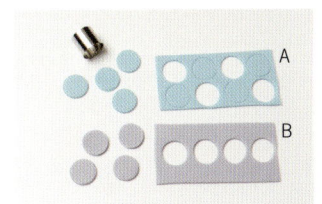

**2** Aのベースは、写真のように丸型で抜く、かるく押さえて印をつける作業を交互に計8回繰り返す。Bのベースは、Aと同じ丸型で、横に並ぶように4つ抜く。

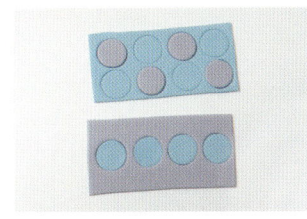

**3** Aから抜いた円形はBの穴に、Bから抜いた円形はAの穴に入れる。

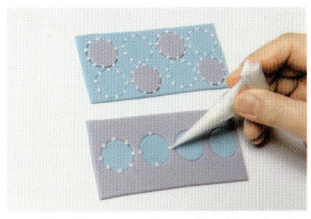

**4** 円形に沿ってアイシングでドットを絞る。Aはそれぞれ10個のドットを、Bは8個のドットを絞る。まず、十字にドットを絞ると、バランスがとりやすい。

**5** Bのベースの上下にジグザグ模様を描き、間にドットを絞る。

**6** A、Bのパーツをそれぞれバタークリームをぬったケーキにのせて完成。

## トライアングルドット

**クッキー** (p.34)
**アイシング** (p.16)
・ベース…アイボリー（GY）
・ライン…白
・ドット、短いライン…茜（RS+BR）

**1** ベースをつくり、上下に2本ずつラインを引く。

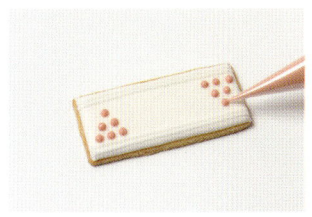

**2** 三角形になるよう、ドットを絞る。両端から描くと、スペースの配分がしやすい。

**3** 三角形の間に、2本ずつラインを引いて完成。

＊使っている食用色素はp.19参照、型の型番はp.110参照

part2 キュートなスイーツにひとめぼれ

# トラディショナルな
# パターンケーキ

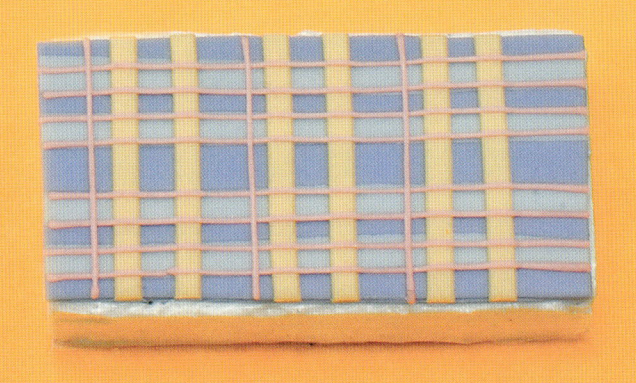

38

アイシングとシュガーペーストでつくる直線だけのシンプル柄。
パーツをていねいに配置すると形が整い、きれいにしあがります。

**材料とつくり方**

### レジメンタル

バタークリームケーキ/小 (p.28)
[縦5×横10×高さ6cm]
・バタークリーム…白
飾り用ペースト (p.27)
・帯…ピンク (RS+BR)、グレー (BK)、白

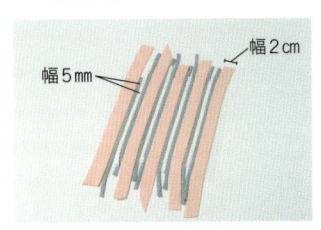

1 ペーストを帯状に切る。ピンクを5つ、グレーを8つ、白を4つつくる。ピンク、グレー、白、グレーの順に並べる。

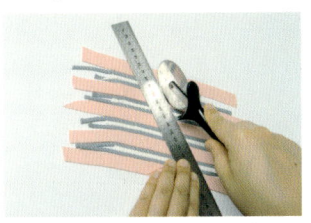

2 1をケーキの大きさにあわせて切る。ペーストが乾いてくっつかないときは、アルコールをつけて接着する。

3 バタークリームをぬったケーキにのせてできあがり。

### タータンチェック

バタークリームケーキ/小 (p.28)
[縦5×横10×高さ6cm]
・バタークリーム…白
シュガーペースト (p.26)
・ベース…紺 (RB+VL+BR)
飾り用ペースト (p.27)
・チェック…グレー (BK)、黄 (GY)
アイシング (p.16)
・ライン…茜 (RS+BR)

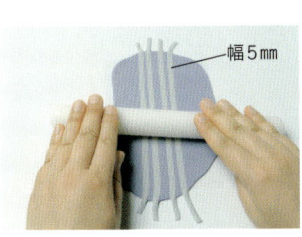

1 ベースのペーストをのばし、上に帯状に切ったグレーのペーストを4つのせて、さらにのばす。

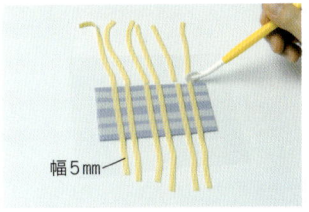

2 1をケーキの大きさにあわせて切る。グレーのペーストと垂直に、帯状に切った黄のペーストをアルコールで貼りつけ、余分な部分を切る。

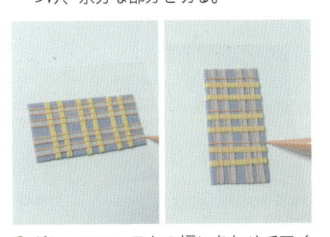

3 グレーのペーストの幅にあわせてアイシングでラインを引く。さらに、黄のペーストの片側にもラインを引く。ケーキにのせてできあがり。

### アーガイル

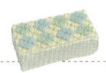

バタークリームケーキ/小 (p.28)
[縦5×横10×高さ6cm]
・バタークリーム…白
シュガーペースト (p.26)
・ベース…薄黄 (GY)
飾り用ペースト (p.27)
・正方形…薄緑 (MG)、水色 (RB+BR)
アイシング (p.16)
・ライン…緑 (MG+BR)

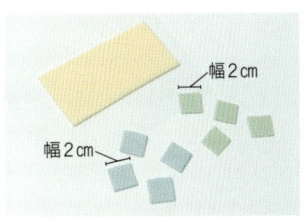

1 ベースのペーストをケーキの大きさにあわせて切る。薄緑と水色のペースト各4つを、正方形に切る。

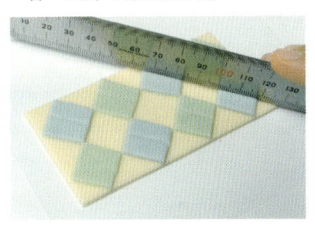

2 薄緑と水色の正方形のパーツを交互にアルコールで貼りつける。正方形の中心でクロスするように定規を押しあて、印をつける。

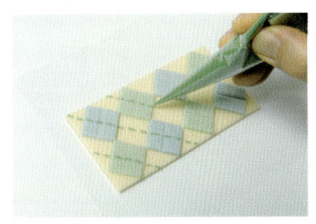

3 2の定規でつけた印にあわせてアイシングで点線を描く。ケーキにのせてできあがり。

*使っている食用色素はp.19参照、型の型番はp.110参照

スイートな
バウムクーヘン

バウムクーヘンの形をいかしたデコレーションです。
シュガーペーストのパーツをのせるだけなので、初心者におすすめ。

**材料とつくり方**

### レース飾りのプラーク

市販のバウムクーヘン
[直径20cm程度のものを1/4に切る]
・バタークリーム…白
飾り用ペースト (p.27)
・プラーク…水色 (RB＋BR)
アイシング (p.16)
・レース模様、花、ドット…白
シュガーパール

### レース飾りの扇

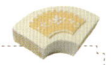

市販のバウムクーヘン
[直径20cm程度のものを1/4に切る]
・バタークリーム…白
飾り用ペースト (p.27)
・扇…黄色 (GY)
アイシング (p.16)
・フリル、レース模様、花…白
シュガーパール

### リボン

市販のバウムクーヘン
[直径20cm程度のものを1/4に切る]
・バタークリーム…白
A／B
飾り用ペースト (p.27)
・リボン…ピンク (RS＋BR)、
　グレー (BK)

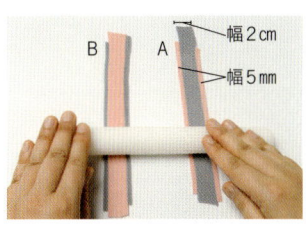

---

1 バウムクーヘンにバタークリームをぬる。冷蔵庫で冷やしながら、薄く重ねてぬると、きれいにしあがる。

2 プラーク型で抜いたペーストの上下左右にしずく形を3つ1組にして描く。ペーストに沿ってC字形の模様を描き、間にドットを絞る。

3 中央に花を描き、中心にシュガーパールをつける。1/4に切ったバウムクーヘンにのせて完成。

---

1 菊型で抜いたペーストを半分に切り、バウムクーヘンの大きさにあわせて、扇型にする。下部のカーブは丸型を使うとよい。

2 扇の形にあわせて上下にフリルを描く。中央に花を描き、その中心にシュガーパールをのせる。

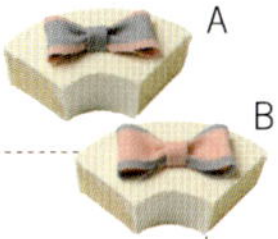

3 花の左右に2つずつC字形の模様を描く。その間にドットを絞り、バウムクーヘンにのせて完成。

---

1 Aのリボンをつくる。グレーのペーストを1つ、ピンクのペーストを2つ用意する。並べてめん棒でのばす。

2 1を長さ17cm程度、両端をV字に切る。中央を指でつまみ、左右から折りたたむ。へらで中央部分を押さえる。

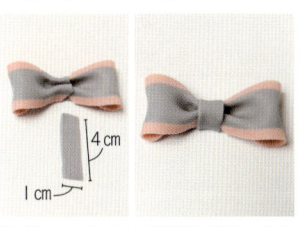

3 グレーのペーストを帯状に切り、2の中央に巻きつける。バウムクーヘンにのせて完成。Bも同様につくる。

＊使っている食用色素はp.19参照、型の型番はp.110参照

エレガントな
ギモーヴ

市販のギモーヴにひと手間加えて、オリジナルスイーツにしあげました。
ドット、ライン、しずく形と、どれも基本的なテクニックでできるデザインです。

**材料とつくり方**

## エレガントスクエア

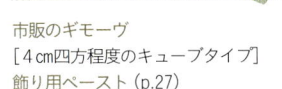

市販のギモーヴ
[4cm四方程度のキューブタイプ]
飾り用ペースト (p.27)
　・正方形…白
アイシング (p.16)
　・ドット、しずく形…白
キラキラパウダー
シュガーパール

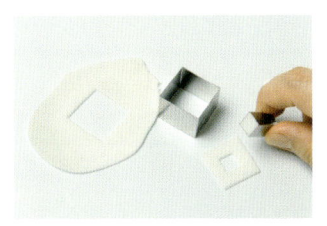

1 ギモーヴよりひと回り小さい四角型でペーストを抜き、さらに小さい四角型で中心を抜く。

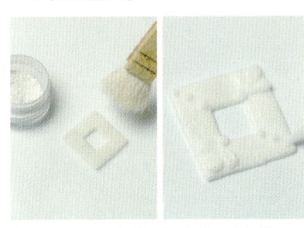

2 キラキラパウダーをはけではたき、アイシングで飾りを描く。2つの角にしずく形を3つ描いて、ドットを絞る。残りの2つの角には、ドットを3つ絞る。

3 ギモーヴにのせ、中央にアイシングを絞り、シュガーパールをのせて完成。

## エレガントフラワー

市販のギモーヴ
[直径5cm程度のドームタイプ]
飾り用ペースト (p.27)
　・花…白
アイシング (p.16)
　・模様、ドット…白
アラザン

1 デイジー型でペーストを抜く。

2 花の中央にアイシングを絞る。

3 小さめの容器に入れたアラザンに、花を押し当て、アイシングを絞った部分にアラザンをつける。

4 花の裏にアイシングを絞る。

5 ギモーヴの中央にのせる。

6 花を囲むように模様を描く。花弁の下で回転させると、形がゆがみにくい。リズムをつけて一気に描きあげる。

7 大きめのドットを2つずつ絞って完成。

＊使っている食用色素はp.19参照、型の型番はp.110参照

# モードスタイルの
# ミニケーキ

人気のアニマル柄もパステルカラーでキュートなシュガーケーキに。
不規則な模様は、多少バランスが悪くても目立ちにくいのがいいところです。

**材料とつくり方**

## フェザー

シュガーケーキ／小 (p.30)
[高さ4cmに調整]
・シュガーペースト…白
アイシング (p.16)
・フェザー (型紙p.110)
　…紺 (RB+VL+BR)

1 アイシングパーツをつくる。「アイシングパーツのつくり方」(p.24) の要領で、型紙にあわせてベースをつくる。

2 完全に乾いたらシートからはずす。

3 2の裏にアイシングを絞り、シュガーペーストでカバーしたケーキにアイシングで接着して完成。

## ゼブラ

シュガーケーキ／小 (p.30)
[高さ4cmに調整]
・シュガーペースト…白
アイシング (p.16)
・円形のベース (型紙p.110)…白
・ゼブラ模様…茜 (RS+BR)

1 アイシングパーツをつくる。「アイシングパーツのつくり方」(p.24) の要領で、型紙にあわせてベースをつくる。

2 表面が乾く前に、ゼブラ模様を描く。上から下へスペースを埋めるように描く。

3 完全に乾いたらシートからはずし、シュガーペーストでカバーしたケーキにアイシングで接着して完成。

## レオパード

シュガーケーキ／小 (p.30)
[高さ4cmに調整]
・シュガーペースト…白
アイシング (p.16)
・円形のベース (型紙p.110)…白
・レオパード模様
　…紺 (RB+VL+BR)、グレー (BK)

1 アイシングパーツをつくる。「アイシングパーツのつくり方」(p.24) の要領で、型紙にあわせてベースをつくる。表面が乾く前に、紺のアイシングでいびつなドットを描く。

2 ドットの周りを囲むように、グレーのアイシングを絞る。

3 竹串で模様を調整する。完全に乾いたらシートからはずし、シュガーペーストでカバーしたケーキにアイシングで接着して完成。

＊使っている食用色素はp.19参照、型の型番はp.110参照

# デコレーション Q&A

デコレーションの素材や基本的なテクニックに関するポイントをまとめました。

**Q** シュガーペーストの最適な状態がわかりません

**A** ザラつかず、陶器のような手触りがベストといわれています。べたつくときは、粉砂糖を加えると扱いやすくなりますが、パサつきの原因にもなるので入れすぎは禁物です。

**Q** 飾り用ペーストのパーツにひびが入ります

**A** ひびの原因は乾燥です。ペーストにクリアファイルなどをかぶせておくとよいでしょう。

**Q** アイシングパーツが割れてしまいます

**A** アイシングパーツは薄くて繊細。割れやすいので、2〜3つくらい余分につくりましょう。また、濃い色のものは乾燥しにくいので、1日以上おいてからはずすほうがよいでしょう。

**Q** カバーリングしたシュガーペーストに空気が入ります

**A** カバーリングするときは、ケーキの上から下へ空気を抜くようにして密着させましょう。それでも空気が入ったときは、針などで穴をあけて抜きましょう。穴はスムーザーでなじませてください。

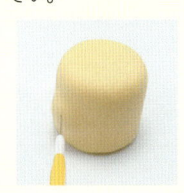

**Q** アイシングのラインがきれいに描けません

**A** アイシングは慣れとリズムが大切です。うまく描こうとして迷っていると、アイシングのラインもブレてしまいます。どこにどんな線を描きたいかをイメージして、テンポよく描けるように練習しましょう。

part 3

## スイーツワールド トラベル

世界一周をテーマにデザインしたお菓子たち。
どれもカラフルでかわいくて
まるで輸入雑貨のお店に来たみたい。
大きなシュガーケーキも登場しますが
テクニックは基本と変わらないので
ぜひトライして。

イギリス / United Kingdom
# クラシカルなティールーム

48

part3 スイーツワールドトラベル　49

ケーキボードは、シュガーケーキの下にセットして華やかさをアップさせる本格派アイテムですが、なくても十分な仕上がりになります。

**材料とつくり方**

## ゴールドクラウン

シュガーケーキ/大 (p.30)
・シュガーペースト…白
飾り用ペースト (p.27)
・葉、リボン…黄 (GY)
・波形のパーツ…緑 (MG+BR)
アイシング (p.16)
・王冠 (型紙p.110)、フリル、しずく形…黄 (GY)
キラキラパウダー
アラザン
シュガーパール
ケーキボード (18cm)

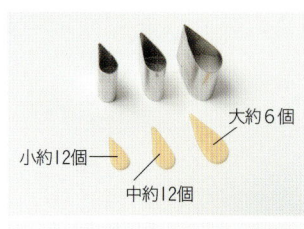

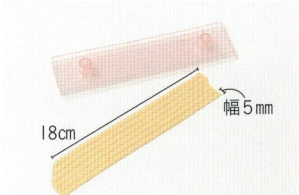

小約12個
中約12個
大約6個

18cm
幅5mm

1 葉とリボンのペーストを用意する。葉はしずく型で抜き、リボンは帯状に切る。

幅3.5cm

2「アイシングパーツのつくり方」(p.24)の要領で、王冠のパーツをつくる。王冠のなかに模様を描き、はけでキラキラパウダーをはたいてアラザンをのせる。

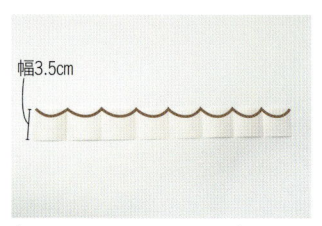

3 ケーキの円周にあわせて、波形のパーツの型紙をつくる。ケーキの円周にあわせて切った紙を8等分にし、丸型で印をつけて切る。

4 緑のペーストをのばし、型紙にあわせて切る。波形の部分は3の丸型を使って抜く。

5 4をケーキに貼りつける。スムーザーでケーキを挟み、両手を交互に動かして回転させ、ペーストを密着させる。

6 波形に沿って細い輪を描くようにフリルを描く。先端にひとつおきにしずく形を3つ1組で描き、すべての先端にアラザンをつける。

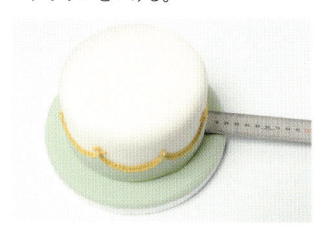

7「ケーキボードを使うときは」(p.51)の要領でケーキボードにペーストを貼りつけ、中央にアイシングをぬって7をのせる。

8 葉をつくる。1のしずく形のペーストをスポンジパッドにのせ、へらで縦に線を引く。手で形を整え、はけでキラキラパウダーをはたく。

9 手前から奥に向かって葉が小さくなるように、仮置きする。全体のバランスを整え、葉を重ねながら、アイシングで接着する。葉の間にアラザンとシュガーパールものせる。

10 左半分も同様に葉を接着する。

11 リボンをつくる。1のペーストを写真のように成形し、リボンの中央にテール部分をアイシングでつける。

12 リボンの中央にシュガーパールとアラザンをつけ、はけでキラキラパウダーをはたく。葉の間に接着し、テール部分をケーキに沿わせる。

13 2の王冠の裏にアイシングを絞り、ケーキの中央にのせて完成。

### ケーキボードを使うときは

本格的なシュガーケーキで、ケーキの土台にします。

ボード全体にアルコールをつけ、シュガーペーストをのせてめん棒でのばします。余った部分を切り落とし、スムーザーで整えます。

part3 スイーツワールドトラベル

### ゴールドフリル

シュガーケーキ／小 (p.30)
・シュガーペースト…白
飾り用ペースト (p.27)
・波形のパーツ…緑 (MG+BR)
アイシング (p.16)
・フリル、リボン、花、葉…黄 (GY)
アラザン
キラキラパウダー

1 「ゴールドクラウン」(p.50) の3〜5の要領で、波形の帯をつくり、ケーキの周囲に貼りつける。

2 アーチに沿ってにフリルを描く。先端にひとつおきにリボンを描き、中心にアラザンをつける。残りの先端にもアラザンをつける。

3 ケーキの中央に花を描く。まず、しずく形を十字に描いて、残りを描き足す。

4 花の中心に、アラザンをのせる。

5 「コルネの切り方」(p.22) リーフ型用の要領で、ケーキ上面の周囲に葉を描く。

6 全体が乾いたらアルコールで溶いたキラキラパウダーを、フリル、リボン、花、葉にぬって完成。

### ホワイトフラワー

バタークリームケーキ／小 (p.28)
・バタークリーム…白
飾り用ペースト (p.27)
・花…白
アラザン

1 花をつくる。2つの花形のペーストをスポンジパッドにのせ、へらで花びらをのばして手で形を整える。

2 花の中心にアイシングを絞り、1つにアラザンをつけ、もう1つの花の上に花びらの位置をずらして重ねる。

3 ケーキの中央にのせて完成。

## カメオ

**クッキー** (p.34)

**A**
**アイシング** (p.16)
- 女性 (型紙p.110)…茜 (RS+RB)
- ベース…緑 (MG+BR)
- しずく形、ドット…白

**B**
**アイシング** (p.16)
- 女性 (型紙p.110)…水色 (RB+BR)
- ベース…アイボリー (GY)
- しずく形、ドット…白

1 女性のアイシングパーツをつくり、乾いたらはずす (p.24参照)。

2 ベースをつくる。表面が乾いたら、上下左右にしずく形を3つ1組で描き、間にドットを絞る。

3 1のパーツの裏にアイシングを絞り、ベースの中央に接着して完成。Bのクッキーも同様につくる。

## ユニオンジャック

**クッキー** (p.34)
**アイシング** (p.16)
- ベース…アイボリー (GY)
- 十字、ライン…茜 (RS+BR)
- 三角形…水色 (RB+BR)

1 ベースをつくり、表面が乾いたら、十字を描く。

2 十字の間に、大小の三角形を描く。

3 それぞれの三角形の間にラインを引いて完成。

## ピンククラウン

**クッキー** (p.34)
**アイシング** (p.16)
- ベース…薄ピンク (RS)
- 模様、ライン、ドット…茜 (RS+BR)

1 ベースをつくり、表面が乾いたら模様を描く。まず、下部と上部の模様から描くとバランスがとりやすい。

2 中央部分の模様を描き、上部の模様の下に円形の模様を描く。

3 円形の模様からクッキーの形に沿って2本のラインを引き、ドットを絞る。下部の模様を描き足して完成。

アメリカ／America
# モードなコレクション

ニューヨークの最旬モードをモノトーンで表現。
ミニサイズのケーキはシュガーペーストのパーツを貼るだけなので、初心者にもおすすめです。

**材料とつくり方**

## ブラックドレス

クッキー (p.34)
アイシング (p.16)
・ベース…黒 (p.18)
・ライン、ドット…薄黄 (GY)
キラキラパウダー

1 ドレスのベースをつくる。表面が乾いたら、胸元のV字に沿ってラインを引き、ラインの左右にドットを絞る。

2 袖と裾にドットを三角形になるように絞り、さらに上に1つドットを絞る。

3 アイシングが乾いたら、アルコールで溶いたキラキラパウダーを1、2の模様にぬって完成。

## ブーツ

クッキー (p.34)
アイシング (p.16)
・ベース…黒 (p.18)
・靴ひも、リボン、ベルト…黒 (p.18)
・ひも通しの穴…グレー (BK)
アラザン

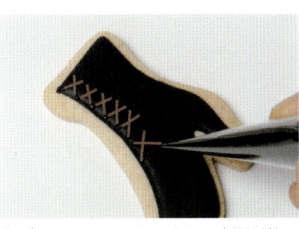

1 ブーツのベースをつくる。表面が乾いたら、足の甲のカーブに沿って、×印をつなげるように靴ひもを描く。

2 左上のリボンとベルト部分を描く。足首部分に2本のラインを引き、右端にアラザンを長方形につけて、バックルにする。

3 靴ひもの右端にドットを絞り、ひも通しの穴にして完成。

## サングラス

クッキー (p.34)
アイシング (p.16)
・レンズ…黒 (p.18)
・フレーム…白
キラキラパウダー

1 レンズのベースをつくり、表面が乾いたら、はけでキラキラパウダーをはたく。

2 クッキーとレンズの形に沿って、フレームのアウトラインを引く。

3 レンズ部分にはみでないように、フレームのベースを流しこんで完成。

＊使っている食用色素はp.19参照、型の型番はp.110参照

## ジュエリーボックス

シュガーケーキ／小 (p.30)
・シュガーペースト…白
飾り用ペースト (p.27)
・バラ模様のパーツ…黒 (p.26)
・玉…白
アイシング (p.16)
・接着用…黒 (p.18)
キラキラパウダー
銀箔シュガー
アラザン

1 のばした黒のペーストをバラ柄のマットにのせ、さらにのばして模様をつける。

2 1を帯状（幅2.5cm）に切る。ケーキに巻き、余分な部分は切り取る。

3 ケーキより少し大きめの丸型で抜いたペーストにアルコールをつけ、ケーキの上面に貼りつける。はけでキラキラパウダーをはたく。

4 ペーストを丸めて、さくらんぼ大の玉をつくる。アルコールをつけ、銀箔シュガーをまぶす。

5 ケーキの中央にアイシングを絞り、玉をのせる。

6 玉の周りにアラザンをのせ、2つおきにアラザンをもう1つ並べる。うまくのらない場合は、アイシングを足す。

7 2の下部にアイシングを等間隔に絞り、アラザンをつけて完成。

## リボンビジュー

シュガーケーキ／小 (p.30)
・シュガーペースト…白
飾り用ペースト (p.27)
・円形…黒 (p.26)
・リボン…黒 (p.26)
アイシング (p.16)
・接着用…薄黄 (GY)
アラザン

1 円形のパーツをつくる。丸型で抜いたペーストを用意（ここでは11個）し、アルコールをつけて、ケーキの下部に半円に切ったパーツを貼る。その上に円形を貼りつける。

2 1のパーツの間に、アイシングを絞ってアラザンをつける。

幅2.5cm
約15cm

3 リボンをつくる。帯状にしたペーストの両端をV字に切る。

## デイジータワー

シュガーケーキ／小 (p.30)
[ここではつくり方13までの状態で使用]
飾り用ペースト (p.27)
　・円形…白
　・帯…白、黒 (p.26)
　・デイジー、玉…白
アイシング (p.16)
　・接着用…白
ノンパレル
キラキラパウダー

4 中央を指でつまみ、輪をつくるように左右から折りたたむ。

5 へらで中央部分を押さえ、形を整える。

6 リボンの中央にアイシングを絞り、アラザンをのせる。ケーキの中央にアイシングを絞り、リボンを接着して完成。

1 5cmの丸型でペーストを抜き、円形のパーツをつくる。アルコールをぬり、ケーキの上面に貼りつける。

2 白と黒のペーストを各6本切り、交互に並べる。

幅5mm
長さ18cm

3 ペーストの間にすきまができないように整えてめん棒でのばし、帯状にする。

4 3をケーキの周囲に巻いて貼りつける。余分な部分は切り落とす。

5 デイジー型で抜いた2つのペーストの中央を、へらで押して立体感をだす。アイシングを絞り、ノンパレルをつけて花芯にする。

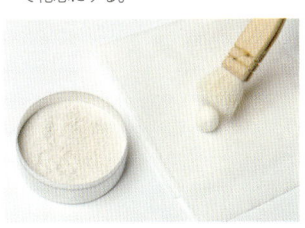

6 ペーストを丸めてあずき大の玉をつくり、アルコールをつけて、キラキラパウダーをまぶす。

7 5の裏にアイシングを絞り、2つのデイジーが重なるように、ケーキに接着する。6を間にのせて完成。

part3 スイーツワールドトラベル　57

## インド／India
# エキゾチックな思い出

アジアンジュエリーをイメージしたケーキは繊細にみえますが
パーツでバランスを調整できるので、見かけほど難しくありません。

**材料とつくり方**

## ゴールデンペイズリー

シュガーケーキ／小 (p.30)
・シュガーペースト
　…紺 (RB+VL+BR)
飾り用ペースト (p.27)
・しずく形…黄 (GY)
アイシング (p.16)
・ドット、フリル、模様、花
　…黄 (GY)
アラザン

1 しずく型で抜いた6枚のペーストの中央を、ひと回り小さいしずく型でさらに抜き、手でのばしてカーブをつける。

2 1でリング状にしたしずく形にアルコールをつけて、ケーキの側面に貼りつける。間にすきまができないように調整する。

3 1の小さいしずく形を、ケーキ上面のカーブに沿わせて貼りつける。先端にドットを絞る。

4 2の周囲にフリルを描き、内側にドットを絞る。パーツの間に模様を描き足し、その下に3つ1組のしずく形とドットを描く。

5 ケーキの中央に花を描く。

6 花の中心と、3の小さいしずく形の下にアイシングを絞り、アラザンをつけて完成。

## ゴールデンスクエア

シュガーケーキ／小 (p.30)
・シュガーペースト…水色 (RB+BR)
飾り用ペースト (p.27)
・四角…黄 (GY)
アイシング (p.16)
・フリル、ふさ飾り、ドット、花
　…黄 (GY)
アラザン

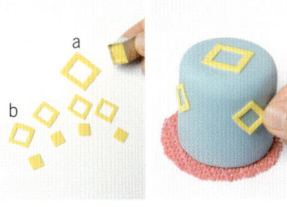

1 四角型でペーストを抜き、さらに小さい四角型でその中央を抜く。アルコールをつけ、aはケーキの上面中央に貼りつけ、bは側面に等間隔で4つ貼りつける。

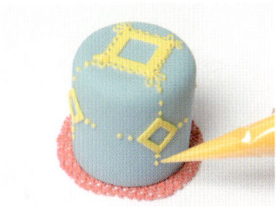

2 aの周囲にフリルを描き、四隅にふさ飾りを描く。bの角にドットを2つずつ並べて絞る。

3 中央に花を描く。花とbの中心にアイシングを絞り、アラザンをつけて完成。

＊使っている食用色素はp.19参照、型の型番はp.110参照

## ゴールデンアクセサリー

シュガーケーキ／小 (p.30)
・シュガーペースト
　…ピンク (RS+BR)
アイシング (p.16)
・ドット、スカラップ模様、フリル、花…黄 (GY)
アラザン

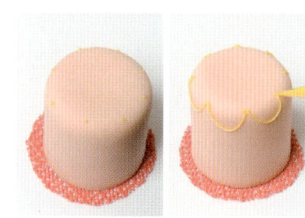

**1** ケーキの周囲に8等分にドットを絞り、ドットをつなぐように、スカラップ模様を描く。

**2** 半円の上に、細い輪を描くようにフリルを描く。フリルの下にスカラップ模様をもう1列描き、その下にドットを5つ絞る。

**3** 2で描いたドットのうち、中央のドットの下に、さらにドットを2つ絞る。下にむかって少しずつ小さくする。

**4** 半円の先端から、ケーキの上面にむかって、だんだん小さくなるようにドットを3つ絞る。半円の中に、ひとつおきに花を描く。

**5** 花の中心にアラザンをのせて完成。

## ロータス

シュガーケーキ／小 (p.30)
・シュガーペースト
　…からし色 (GY+BR)
飾り用ペースト (p.27)
・葉…薄緑 (MG)
・蓮…白
アイシング (p.16)
・花芯…黄 (GY)
・葉脈…緑 (MG)
・水滴…水色 (RB+BR)
ノンパレル

**1** 葉は、丸型で抜いたペーストの1/6を切って取り、へらでのばす。蓮は、花型で抜いた2つのペーストの中央をへらで押して、立体感をだす。

**2** 蓮のパーツの中央にアイシングを絞り、2つを重ねる。ノンパレルをつけて花芯にする。

3 ケーキに葉をアイシングで接着し、放射状に葉脈を描く。

4 蓮の花も接着し、大小の水滴を描いて完成。

## エレファント

クッキー (p.34)

A
アイシング (p.16)
- ベース、耳、尾…ピンク (RS+BR)
- 飾り…黄 (GY)、水色 (RB+BR)
- 目…黄 (GY)

B
アイシング (p.16)
- ベース、耳、尾…水色 (RB+BR)
- 飾り…黄 (GY)、ピンク (RS+BR)
- 目…黄 (GY)

アラザン

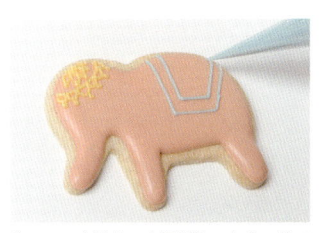

1 ベースを描き、表面が乾いたら、黄で頭の飾りを描く。さらに水色で背中の飾りの枠を描く。

2 黄で背中の飾りの細部を描き、耳と尾を描く。

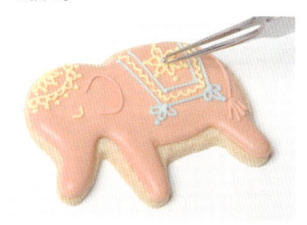

3 目を描き、背中の飾りにアラザンをつけて完成。Bも同様につくる。

part3 スイーツワールドトラベル

チェコ／Czech
# 刺繡飾りのある部屋

絵本のなかからでてきたような、レトロデザインのお菓子です。
トッピングをカラフルにすることでペーストの色数は抑え、手軽にできるように工夫しました。

**材料とつくり方**

## ダリアモチーフ

シュガーケーキ／大 (p.30)
・シュガーペースト…白
飾り用ペースト (p.27)
・小花、ダリア…赤 (RD+BC)
・葉…薄緑 (MG)、緑 (MG+BR)
アイシング (p.16)
・ドット…白
・ドット、円形…茶 (BR)
シュガーパール（レインボー）

**1** パーツをつくる。小花1つ、葉7つ（薄緑4、緑3）で1セット、合計4セットのパーツを用意する。

**2** ダリアは合計5つ用意し、花の中心に、ストローや口金などで穴をあける。

**3** 紙などを巻いてケーキの周囲を8等分にし、飾りの配置を決める。

**4** 写真の番号順に、アルコールで葉を扇状に貼りつける。

**5** 葉の下に小花を貼りつけ、花の中心に白のドットを絞る。

**6** 5の間に2のダリアを貼りつける。ダリアの左右に茶のドットを絞り、ダリアの中央にアイシングでシュガーパールをつける。

**7** ケーキよりひと回り小さい丸型をケーキに押し当て、円形の模様を描くための印をつける。

**8** 印に沿って円形を描き、円形の外側と内側に交互にドットを絞る。

**9** 2のダリアをケーキの上面中央に貼りつける。アイシングを絞り、シュガーパールをのせて完成。

＊使っている食用色素はp.19参照、型の型番はp.110参照

## チェリーモチーフ

クッキー (p.34)
飾り用ペースト (p.27)
・葉…緑 (MG+BR)
アイシング (p.16)
・ベース…黒 (p.18)
・フリル…赤 (RD+BC)
・チェリーの茎…薄緑 (MG)
キャンディ (シナモンレッドホット)

1 ベースをつくる。表面が乾いたらクッキーの形にあわせて、フリルの縁どりを描く。さらにクッキーの中央にチェリーの茎を描く。

2 しずく型でペーストを抜く。へらで縦に線を引き、手で形を整えて葉にする。

3 茎の先にキャンディと、2の葉をつけて完成。

## マーガレットモチーフ

クッキー (p.34)
アイシング (p.16)
・花びら、ライン…アイボリー (GY)
ノンパレル

1 写真のように花びらのベースをつくる。

2 乾いたら、中央にアイシングを絞り、ノンパレルをつけて完成。

## プチダリアモチーフ

クッキー (p.34)
飾り用ペースト (p.27)
・ダリア…赤 (RD+BC)
・葉…薄緑 (MG)、緑 (MG+BR)
アイシング (p.16)
・ベース…白
・フリル…赤 (RD+BC)
ノンパレル

1 ベースをつくる。表面が乾いたらクッキーの形にあわせて、フリルの縁どりを描く。花型としずく形でペーストを抜き、ダリアと葉のパーツをつくる。

2 ダリアの中央にアイシングを絞り、ノンパレルをつける。

3 アルコールをつけて葉をクッキーに貼りつけ、その上にダリアを重ねて貼りつけて完成。

*使っている食用色素はp.19参照、型の型番はp.111参照

## リースモチーフ

**クッキー**（p.34）
**アイシング**（p.16）
　・ベース…白
　・円形、葉…薄緑（MG）
**ノンパレル**

1 ベースをつくり、表面が乾いたら円形を描く。ハートを描くように左右に葉を描き足す。

2 1が乾いたら、上下端にアイシングを絞ってノンパレルをつける。

3 左右にアイシングを絞り、2と違う色のノンパレルをつけて完成。

part3 スイーツワールドトラベル　65

トルコ / Turkey

# 涼やかなモザイク広場

シンプルでも、ちょっとした配色の工夫で単調になりません。
同じ作業の繰り返しなので、失敗がしにくく、つくりやすいデザインです。

**材料とつくり方**

## ブルーモザイク

シュガーケーキ／大（p.30）
・シュガーペースト…白
飾り用ペースト（p.27）
・モザイク…水色（RB+BR）、薄緑（MG）
アイシング（p.16）
・花、ドット…水色（RB+BR）、青（RB）
・縁どり…水色（RB+BR）、薄緑（MG）
・模様…青（RB）

1 モザイクのパーツをつくる。デイジー型でペーストを抜き、薄緑を4つ、水色を2つ用意する。

2 薄緑のパーツは1/4に切る。水色のパーツは中心をストローなどで抜いて、半分に切る。

3 ケーキに、2のパーツにアルコールをつけて写真のように貼りつける。

4 ケーキの中央に花を描く。しずく形を十字に描いて、残りを描き足す。

5 水色のパーツの上下に、水色のアイシングで大きめのドットを3つ絞る。間にさらにドットを絞るため、間隔をあけておく。

6 薄緑のアイシングで、水色のパーツの縁どりを描く。水色のアイシングで、薄緑のパーツの縁どりを描く。

7 青のアイシングで、側面の薄緑のパーツから、下にむかってドットを3つ絞る。

8 花の中心にドットを絞って花芯にする。さらに5の水色のドットの間にも絞る。

9 上面の4つの薄緑のパーツのなかに、形にあわせて模様を描く。

10 薄緑のパーツのつなぎ目にドットを絞って完成。

＊使っている食用色素はp.19参照、型の型番はp.110参照

part3 スイーツワールドトラベル

## イズニックタイル

シュガーケーキ／小 (p.30)
[高さ4cmに調整]
- シュガーペースト…薄緑 (MG)

アイシング (p.16)
- 花、ライン…白
- ふさ飾り、ドット…水色 (RB+BR)
- ドット…青 (RB)

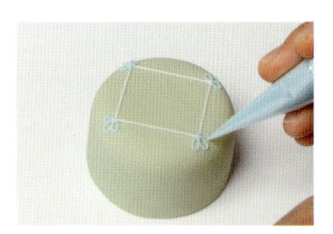

**1** ケーキの上面に正方形を描き、四隅にふさ飾りを描く。

**2** 正方形に沿って4本のラインを引く。さらに、ふさ飾りから下に3本のラインを引く。

**3** 正方形の中央に花を描く。

**4** 4つのふさ飾りと花の間に、水色のアイシングでドットを2つずつ絞る。さらに花の中心にもドットを絞る。

**5** ふさ飾りに青のドットを重ねて絞って完成。

## プチブルーモザイク

シュガーケーキ／小 (p.30)
[高さ4cmに調整]
- シュガーペースト…白

飾り用ペースト (p.27)
- モザイク…水色 (RB+BR)

アイシング (p.16)
- 花、ドット、しずく形…水色 (RB+BR)
- 縁どり…薄緑 (MG)
- 模様、ドット…青 (RB)

**1** デイジー形で抜いたペーストを「ブルーモザイク」2 (p.67)のように1/4に切ってモザイクのパーツにする。アルコールをつけてケーキに貼りつけ、花を描く。

**2** パーツの間にしずく形を3つ1組で描き、パーツから下にドットを3つ絞る。さらに、パーツの縁どりを描く。

**3** パーツの形にあわせて模様を描く。花の中心に青のドットを絞って完成。

*使っている食用色素はp.19参照、型の型番はp.110参照

## トルコ刺繍

シュガーケーキ／小 (p.30)
[高さ4cmに調整]
・シュガーペースト…水色 (RB+BR)
アイシング (p.16)
・花、しずく形、ドット、
　C字形の模様…白
・ドット…青 (RB)
シュガーパール

1　ケーキの中央に花を描き、中心にシュガーパールをのせる。花の上下左右に、白のアイシングでしずく形を3つ1組で描き、ドットを絞る。

2　しずく形の間に、C字形の模様を描く。さらにしずく形から下にむかって3つのドットを絞る。

3　花としずく形の間に、青のドットを1つずつ絞って完成。

part3 スイーツワールドトラベル

フランス／France
# ローズのスイーツサロン

マリー・アントワネットをイメージしたケーキです。
ローズの飾りは難しそうにみえますが、ていねいにつくれば初心者でも大丈夫。

**材料とつくり方**

### ロマンティックローズ

シュガーケーキ／大 (p.30)
・シュガーペースト…薄ピンク (RS)
飾り用ペースト (p.27)
・プラーク…アイボリー (GY)
・ローズ…茜 (RS+BR)、白
アイシング (p.16)
・ライン、しずく、円形、葉
　…アイボリー (GY)
シュガーパール

1 ローズの飾りをつくる。菊型で茜と白のペーストをそれぞれ2つずつ抜く。

2 竹串を花びらの縁にあて、少しずつ前後にころがし、ひだをつける。

3 半分に折る。ひだのある部分を残して、丸型で切る。

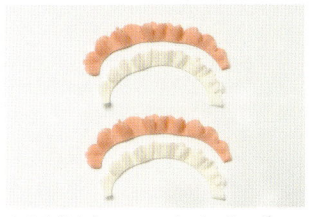

4 3を茜と白のペーストで、2つずつつくる。

5 茜に白のペーストを重ね、2つのペーストの間にアイシングを絞りながら、ずれないように巻いていく。

6 写真のように、5の巻き終わりに残りの2つのペーストをアイシングで接着してつなげて、同じように巻けばできあがり。

7 プラーク型でペーストを4つ抜いてプラークをつくり、アルコールをつけてケーキの側面に等間隔に貼りつける。

8 プラークの形に沿って、ラインを引く。

9 写真のように、しずく形を3つ1組で描く。プラークの上にあるしずく形は下むきに、プラークの間にあるしずく形は上むきに描き、シュガーパールをつける。

10 「ダリアモチーフ」7 (p.63) の要領で円形の印をつけ、印に沿ってアイシングを絞る。円形の左右に葉を描く。

11 ケーキの中央にアイシングを絞り、6のローズをのせて完成。

＊使っている食用色素はp.19参照、型の型番はp.110参照

## ケーキグラッセ A

バタークリームケーキ／小 (p.28)
[ここではつくり方2までの状態で使用]
・グラッセ (p.73)…茜 (RS＋BR)
アイシング (p.16)
・模様…白
アラザン

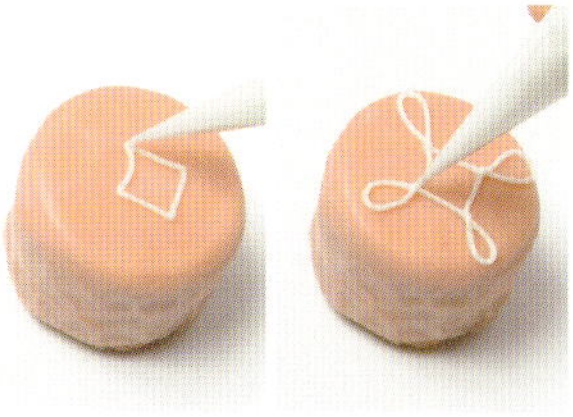

1 「ケーキグラッセのつくり方」(p.73) の要領でケーキグラッセをつくる。ケーキの中央にひし形を描き、四隅にしずく形の模様を描く。

2 しずく形の間にふさ飾りを描き、ドットを絞る。

3 中央にアイシングでアラザンをつけて完成。

## ケーキグラッセ B

バタークリームケーキ／小 (p.28)
[ここではつくり方2までの状態で使用]
・グラッセ (p.73)…茜 (RS＋BR)
アイシング (p.16)
・模様…白
アラザン

1 ケーキグラッセをつくる。正方形を描き、なかに縦横3本ずつラインを引く。

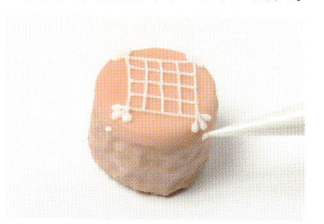

2 正方形の四隅にしずく形を3つ1組で描き、上下にドットを1つずつ絞る。

3 中央にアラザンをのせて完成。

## ケーキグラッセ C

バタークリームケーキ／小 (p.28)
[ここではつくり方2までの状態で使用]
・グラッセ (p.73)…茜 (RS＋BR)
アイシング (p.16)
・模様…白
アラザン

1 ケーキグラッセをつくる。3本のラインを放射状に引き、それぞれのラインの先にしずく形を3つ1組で描く。

2 ラインの間にC字形の模様を描く。

3 ラインの間にドットを絞る。中央にアラザンをのせて完成。

## Idea
### ケーキグラッセのつくり方

グラッセとは粉砂糖をお湯で溶いたアイシングの一種です。

1. グラッセをつくる。粉砂糖225gに熱湯大さじ2〜3を加えて、混ぜる。上からたらして帯が消えるくらいのなめらかさになったら、食用色素で好みの色をつける。

2. バタークリームケーキに使うスポンジケーキの上面にマジパンをのせ、グラッセをかける。

3. 繰り返しグラッセをかけたら、網の上などで乾かして完成。

# デコレーション Q&A

デコレーションに関するコツや疑問点をまとめました。

**Q ペーストのパーツがすぐにはがれてしまいます**

**A** ペーストは水分量やその日の湿度によって、状態が変わります。くっつきにくいときは、接着面にアルコールをつけるとよいでしょう。

**Q 見た目を華やかにしたいのですが**

**A** デコレーションの色や柄とコーディネートしてリボンをあしらいましょう。ケーキに巻いてアイシングで留めます。バタークリームケーキにペーパーやリボンなどを巻くときは、ケーキフィルムに重ねて巻いてください。

**Q 側面の作業がしづらいです**

**A** 側面の飾りが多いときは、回転台にの下に容器などをおき、角度をつけましょう。ケーキの下にすべり止めマットを敷くと、より作業しやすくなります。

**Q 側面の模様をきれいに描くには？**

**A** 規則的な模様は「ずれないこと」がきれいにみえる最大のポイント。模様の印をつけてから作業しましょう。ケーキの円周に合わせて切った紙を、好みの等分に折ってケーキに巻きます。折り目を目安に、ナイフなどでデコレーションの位置の印をつけましょう。

**Q アイシングパーツの表面がへこんでしまう**

**A** アイシングがやわらかすぎると、表面がへこむことがあります。ベースをつくるときの「やわらかめ」のアイシングは、すくって落ちたアイシングが3～5秒でなじむ程度が目安ですが、小さめの面積に流しこむときは5秒を目安にしてください。

## part 4
# スイート アニバーサリー

大切な記念日をお祝いするアニバーサリースイーツは
心をこめてつくりたいもの。
見た目が豪華なケーキも
デコレーションをシンプルにしたり
パーツをあしらうだけにしたり、工夫しました。
パーティでつくれば、ゲストに喜ばれること
うけあいのギフトになるでしょう。

ウエディング/Wedding
# ノーブルホワイトの記念日

part4 スイートアニバーサリー 77

色もデザインもシンプルに、おとなのウエディングをめざしました。
リボンをあしらうと、いっそう華やかに。

**材料とつくり方**

### 大きなピオニー

シュガーケーキ／大 (p.30)
[10cm型、15cm型のもの各1個使用]
・シュガーペースト…白
飾り用ペースト (p.27)
・ピオニー…白
アイシング (p.16)
・ドット、スカラップ模様、しずく形…白
シュガーパール

1 ピオニーをつくる。花型で抜いたペーストを5つ用意する（3つ重ねたものと2つ重ねたものをつくる）。

2 竹串を花びらの縁にあて、少しずつ前後にころがし、ひだをつける。

3 2をスポンジパッドにのせて、へらで花びらに丸みをつけ、手で形を整える。

4 小さい器などに入れる。乾くまでおき、丸みをつける。

5 裏にアイシングを絞り、花びらをずらすようにして2つを重ねる。

6 小さい器に戻し、中央にアイシングを絞って、大小の大きさのシュガーパールをつける。3つ重ねるものも同様につくる。

7 ピオニーができあがった状態。

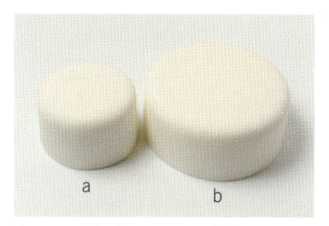

8 10cm型（a）と15cm型（b）のケーキを用意する。

9 bのケーキにデコレーションをする。ケーキの周囲を12等分にしてドットを絞り、スカラップ模様を描く。

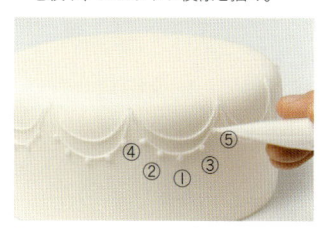

10 9の下に、スカラップ模様をもう1列描き、ドットを5つ絞る。写真の番号順に絞ると、等間隔にしやすい。

11 スカラップ模様の先端に、しずく形を3つ1組で描いてシュガーパールをのせる。

12 aのケーキも同様に、9〜11の作業をする。ただし、ケーキの周囲は8等分にして、ドットの数は7つとする。

13 bの上面中央にアイシングをぬり、aをのせる。

14 7のピオニーの裏にアイシングを絞り、ケーキにつけて完成。

## プリムローズ

シュガーケーキ／小 (p.30)
[高さ4cmに調整]
　・シュガーペースト…白
飾り用ペースト (p.27)
　・プリムローズ…白
アイシング (p.16)
　・ドット、スカラップ模様…白
シュガーパール

1 プリムローズをつくる。花型でペーストを3つ抜く。縁に竹串をあてて前後にころがし、ひだをつける。

2 ケーキの周囲を8等分にしてドットを絞り、スカラップ模様を2重に描く。

3 花の中心にアイシングでシュガーパールをつけ、ケーキの中央に接着して完成。花を2つにするときは、重なるように配置する。

## ホワイトパール

シュガーケーキ／小 (p.30)
　・シュガーペースト…白
飾り用ペースト (p.27)
　・玉…白
アイシング (p.16)
　・ドット、花、C字形の模様…白
シュガーパール
銀箔シュガー

1 ケーキの周囲に4等分にドットを絞る。

2 それぞれのドットを中心に、花を4つ描く。

3 花の中心にシュガーパールをつけ、間にC字形の模様を描く。ペーストを丸めたあずき大の玉に銀箔シュガーをまぶし、ケーキの中央にアイシングで接着する。周囲にシュガーパールをのせて完成。

part4 スイートアニバーサリー

## ホワイトボール

クッキー ケーキボール (p.81)
飾り用ペースト (p.27)
　・花…白
アイシング (p.16)
　・葉、茎…白
アラザン

1　「ケーキボールのつくり方」(p.81) の要領で、ケーキボールをつくる。チョコレートの表面が乾いたら、アイシングで葉と茎を描く。

2　花型でペーストを抜き、中心をへらで押して立体感をだす。中心にアイシングを絞ってアラザンをつける。茎の先にアイシングで接着して完成。

## バードプレート

クッキー (p.34)
飾り用ペースト (p.27)
　・花…白
アイシング (p.16)
　・プレートのベース
　　…アイボリー (GY)
　・しずく形、ドット、模様…白
　・小鳥のベース…アイボリー (GY)
　・目、くちばし、足…黄 (GY)
アラザン
ココナッツパウダー

1　プレートと小鳥のベースをつくり、完全に乾かす。

2　プレートの形にあわせて、しずく形を3つ1組で描き、ドットを絞る。

3　しずく形の間に、縁に沿って模様を描く。花型でペーストを抜き、中心にアイシングを絞ってアラザンをつける。プレートの上部中央に接着する。

4　小鳥に、くちばし、目、足を描く。羽となる部分にアイシングを絞り、ココナッツパウダーをつける。

5　裏にアイシングを絞り、2羽が向かいあうように、3に接着して完成。

## ブライダルパンプス

クッキー (p.34)
飾り用ペースト (p.27)
　・玉…白
　・花…白
アイシング (p.16)
　・ベース…アイボリー (GY)
　・フリル、ドット…白
アラザン
銀箔シュガー
シュガーパール

**1** パンプスのベースをつくり、完全に乾かす。

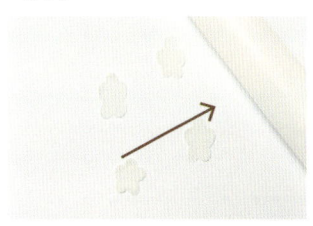

**2** 花型でペーストを5つほど抜き、めん棒でのばす。斜め方向にのばして、わざと形をゆがませる。

**3** 2にアルコールをつけてクッキーに貼りつけ、余分な部分は切りとる。

**4** 花の形に沿って、アイシングでフリルの縁どりを描く。

**5** 花の周囲にドットを絞る。花の中心にアイシングを絞り、アラザンをのせる。

**6** ペーストを丸めてあずき大の玉をつくり、銀箔シュガーをまぶす。パンプスの甲にアイシングで接着し、周りにシュガーパールをのせて完成。

### Idea
#### ケーキボールのつくり方

スポンジケーキを丸めてチョコレートをかけたケーキです。余ったスポンジも使えます。ここでは約12個分のつくり方を紹介します。

**1** スポンジケーキ200gをボウルに入れて泡立て器などでほぐし、バタークリーム約40gを加えて混ぜる。

**2** 少量を手に取り、一口大に丸める。

**3** コーティング用のチョコレートを湯せんで溶かし、竹串などにさした2の全体に2〜3回つける。

**4** トッピングは、完全に乾く前につける。アイシングは、表面が乾いてからあしらう。

バースデー／Birthday
# カラフルなパーティ

年齢や性別を選ばないデザインのバースデーケーキとクッキー。
数字のクッキーは、相手の誕生日にあわせた抜き型を使って。

**材料とつくり方**

## カラフルバースデー

バタークリームケーキ／小 (p.28)
[縦16×幅18×高さ6cm]
・バタークリーム…白
飾り用ペースト (p.27)
・「HAPPY BIRTHDAY」…水色（RB+BR）、ピンク（RS+BR）、紺（RB+VL+BR）、黄（GY）、薄緑（MG）
コンフェッティ

**1** バタークリームケーキの表面がなめらかになるように、パレットナイフで整える。

**2** 型でペーストを「HAPPY BIRTHDAY」に抜き、ケーキの上面に貼りつける。

**3** ケーキの下部に、コンフェッティをふりかけて完成。

## パステルバースデー

クッキー (p.34)
飾り用ペースト (p.27)
・ベース…水色（RB+BR）
・フリル…薄ピンク（RS）
アイシング (p.16)
・「HAPPY BIRTHDAY」、ドット…ピンク（RS+BR）

**1** クッキーの大きさにあわせてベースのペーストを切り、アルコールをつけてクッキーに貼りつける。

**2** フリル型で薄ピンクのペーストを2つ抜く。

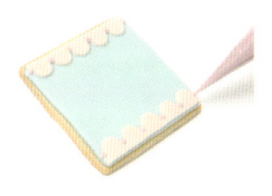

**3** クッキーの上下に2のパーツを貼りつけ、間にドットを絞る。

**4** 最後に、クッキーの中央に「HAPPY BIRTHDAY」の文字を描いて完成。

＊使っている食用色素はp.19参照、型の型番はp.111参照

part4 スイートアニバーサリー

## ボーダーの7

クッキー (p.34)
飾り用ペースト (p.27)
・ベース…黄 (GY)
・ボーダー…水色 (RB+BR)

1 ベースのペーストに抜き型をかるく押しあて、印をつける。

2 幅5mmの帯状に切ったボーダーのペーストを、1でつけた印の上に均等に並べて貼りつける。

3 印にあわせて抜き型で抜き、アルコールをつけてクッキーに貼りつけて完成。

## 水玉の1

クッキー (p.34)
飾り用ペースト (p.27)
・ベース…薄緑 (MG)
・水玉…薄ピンク (RS)

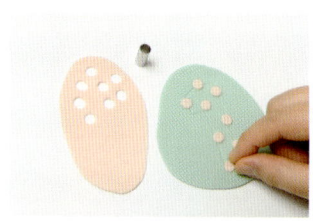

1 丸型で抜いた水玉のパーツを、抜き型で印をつけたベースのペーストの上にのせる。

2 めん棒でのばす。

3 印にあわせて抜き型で抜く。アルコールをつけ、クッキーに貼りつけて完成。

## サークルの2

クッキー (p.34)
飾り用ペースト (p.27)
・ベース…水色 (RB+BR)
・サークル…薄ピンク (RS)

1 丸型でペーストを抜き、いろんなサイズのサークルのパーツをつくる。

2 抜き型で印をつけたベースのペーストの上にサークルのパーツをのせ、めん棒でのばす。

3 印にあわせて抜き型で抜く。アルコールをつけ、クッキーに貼りつけて完成。

*使っている食用色素はp.19参照、型の型番はp.111参照

## カラフルケーキボール

ケーキボール (p.81)
コンフェッティ

1 「ケーキボールのつくり方」(p.81)の要領で、ケーキボールをつくり、表面が乾く前にコンフェッティをまぶす。

2 好みでキャンドルをさすなどして完成。

ベイビーシャワー／Baby Shower
# Hello Baby!!

男の子にも女の子にもぴったりのギフトセットです。
ケーキはクリームのぬり方を工夫するだけで、かわいくなります。

材料とつくり方

## デイジーグリーン

バタークリームケーキ／大（p.28）
・バタークリーム…抹茶
飾り用ペースト（p.27）
・デイジー、プレート…白
アイシング（p.16）
・「Hello Baby!!」…黄（GY）
ノンパレル

1 デイジー型でペーストを9つ抜き、それぞれ中央をへらで押して、立体感をだす。中心にアイシングを絞り、ノンパレルをつける。

2 菊型でペーストを抜き、縁にストローなどで穴をあける。中央に「Hello Baby!!」の文字を描く。

3 「バタークリームの色のつけ方」（p.25）抹茶の要領で、バタークリームを抹茶で着色し、ケーキ全体にぬる。

4 パレットナイフに少量のクリームをとり、ケーキの側面に押しあてて模様をつける。上から下へと重ねるようにして一周させる。

5 1のデイジーのパーツをケーキの周囲にバランスよくつける。

6 2のプレートをケーキの中央にのせて完成。

## BABY

バタークリームケーキ／小（p.28）
・バタークリーム…ストロベリー
飾り用ペースト（p.27）
・「BABY」…緑（MG+BR）、ピンク（RS+BR）、黄（GY）、青（RB）

1 「BABY」のパーツをつくる。丸型で抜いたペーストを、さらに「BABY」に抜く。

2 「バタークリームの色のつけ方」（p.25）ストロベリーの要領で、バタークリームをドライストロベリーで着色し、バタークリームケーキにぬる。「BABY」のパーツをのせて完成。

＊使っている食用色素はp.19参照、型の型番はp.110参照

## くまのポップ

クッキー (p.34)
アイシング (p.16)
- ベース…アイボリー (GY)
- 目…グレー (BK)
- リボン…黄 (GY)

1 左右対称に2枚のクッキーをつくる。ベースをつくる。

2 目と鼻を描いて、のど元にリボンを描く。同様にもう1枚つくる。「クッキーポップのつくり方」(p.89)の要領で、2枚を貼りつけて完成。

## あひるのポップ

クッキー (p.34)
アイシング (p.16)
- ベース…黄 (GY)
- くちばし…黄 (GY)
- 泡、目…白
- 黒目…グレー (BK)

1 ベースをつくり、表面が乾いたらくちばしを描き、頭部と下部の泡をバランスよく絞る。泡は、表面が乾いたら、さらに重ねて絞り、立体感をだす。

2 目を描いて完成。左右対称にして同様にもう1枚つくる。「クッキーポップのつくり方」(p.89)の要領で、2枚を貼りつけて完成。

## お花のポップ

クッキー (p.34)
アイシング (p.16)
- ベース…アイボリー (GY)
- 花芯…黄 (GY)

1 クッキーの形にあわせて、花びらのアウトラインを描く。

2 ベースをつくる。1つおきにアイシングを絞り、完全に乾いてから残りに絞ると、花びら同士がくっつかない。

3 中心に花芯のアイシングを絞る。同様にもう1枚つくる。「クッキーポップのつくり方」(p.89)の要領で、2枚を貼りつけて完成。

### Idea
**クッキーポップの つくり方**

2枚のクッキーをチョコで貼りあわせた、ロリポップ仕様のお菓子です。

**1** クッキーの裏に湯せんしたチョコレートをたっぷりのせ、ストローなどをのせて冷蔵庫で急冷する。

**2** チョコレートを足し、もう1枚のクッキーをのせる。かたまって固定したら完成。

ハロウィン／Halloween
# おとなのマジカルナイト

グリーンをテーマカラーにした、シックなハロウィンアイテム。
小さなシュガーケーキは色数も少なく、失敗の少ないデザインです。

**材料とつくり方**

### キュートなゴースト

シュガーケーキ／小 (p.30)
・シュガーペースト…青緑 (MG+RB)
アイシング (p.16)
・おばけのベース (型紙p.110)…白
・目…グレー (BK)
・くもの巣…白
アラザン

1 「アイシングパーツのつくり方」(p.24)の要領で、ゴーストのアイシングパーツをつくる。完全に乾いたらシートからはずして目を描く。

2 裏にアイシングを絞り、ケーキに接着する。

3 ケーキの上面から側面にかけて、くもの巣を描く。おばけを正面にして、右上の位置に十字のラインを引いて、くもの巣の軸にする。

4 十字の間に、さらにラインを2本加え放射状にする。放射状の軸をつなぐようにラインを引き、くもの巣をつくる。

5 くもの巣にアラザンをのせて完成。

### BOO!

シュガーケーキ／小 (p.30)
・シュガーペースト…グレー (BK)
飾り用ペースト (p.27)
・「BOO!」…黒 (P.27)

1 抜き型でペーストを抜いて「BOO!」をつくる。「!」はアルファベットの「I」と口金などで抜いた円形を組み合わせる。

2 1にアルコールをつけてケーキに貼りつける。下部から右上にむかって、角度を調整しながら貼る。2つめの「O」が上面にくるくらいが目安。

3 最後に「!」を貼りつけて完成。

*使っている食用色素はp.19参照、型の型番はp.111参照

## ウィッチハット

シュガーケーキ/小 (p.30)
・シュガーペースト…白
アイシング (p.16)
・ぼうしのベース (型紙p.110)
　…緑 (MG+BR)
・ベルト…黒 (p.18)
アラザン

1 「アイシングパーツのつくり方」(p.24) の要領で、ぼうしのアイシングパーツをつくる。完全に乾いたらシートからはずして、つばの上にベルトを描く。

2 ベルトの上に、長方形にアラザンをのせてバックルにする。

3 裏にアイシングを絞り、ケーキの側面に接着して完成。

## グリーンパンプキン

クッキー (p.34)
アイシング (p.16)
・ベース…緑 (MG+BR)
・茎…白
・「TRICK or TREAT」…黒 (p.18)、グレー (BK)
アラザン

1 ベースをつくり、表面が乾いたら茎を描く。

2 茎部分にアラザンをつける。

3 中央に「TRICK or TREAT」と描いて完成。

## ホワイトアウル

クッキー (p.34)
アイシング (p.16)
・ベース、足…白
・目、くちばし、羽毛…グレー (BK)

1 ベースをつくり、表面が乾いたら足と目、くちばしを描く。まず大きいパーツから描いて、スペースを区切るとバランスがつかみやすい。

2 羽毛を描いて完成。

### グレーバット

**クッキー** (p.34)
**アイシング** (p.16)
  ・ベース、足…グレー (RB)
  ・「BOO!」…薄緑 (MG)
**アラザン**

1 ベースをつくり、表面が乾いたら足を描く。目の部分に、アイシングでアラザンをつける。

2 右の羽に「Boo!」と描いて完成。

part4 スイートアニバーサリー　93

クリスマス / Christmas
# シルバースノウの夜ふけ

白とシルバーで銀世界を表現しました。
クリスマスケーキはパーツを配置するバランスがポイントです。

**材料とつくり方**

## ひいらぎのリース

シュガーケーキ／大 (p.30)
　・シュガーペースト…白
飾り用ペースト (p.27)
　・葉…白、グレー (BK)
　・玉…白
アイシング (p.16)
　・「Noel」(型紙p.110)…白
細目グラニュー糖
銀箔シュガー
アラザン
シュガーパール

1 「アイシングパーツのつくり方」(p.24)の要領で、「Noel」のアイシングパーツをつくる。

2 ベースが乾く前に細目グラニュー糖をふりかける。完全に乾いたらシートからはずす。

3 葉と玉のパーツをつくる。葉は、へらで葉脈を描き、キラキラパウダーをはたく。玉は、ペーストをあずき大に丸め、銀箔シュガーをまぶす。

白大4　　白中5　　白小2
玉4
銀大3　　銀中4

4 3の要領で、写真を参考に葉を18、玉を4つつくる。

5 手前から飾りつける。白大の葉4つ、銀大の葉3つを、つけ根を重ねるように配置してアイシングで接着する。

6 4の飾りの中央に、玉を2つ、アラザンとシュガーパールを1つずつ接着する。

7 左側をつくる。2色の葉を交互に接着し、その上に玉を1つ、アラザンを2つ、シュガーパールを1つのせる。葉は奥に向かうに従い、小さくする。

8 右部分も同様につくる。

9 「Noel」の裏にアイシングを絞り、ケーキにのせて完成。

＊使っている食用色素はp.19参照、型の型番はp.110参照

## スノークリスタル

バタークリームケーキ／小 (p.28)
・バタークリーム…白
飾り用ペースト (p.27)
・結晶…白
ココナッツパウダー
アラザン

1 バタークリームをぬったケーキにココナッツパウダーをふりかける。

2 結晶型でペーストを抜き、中心にアイシングを絞ってアラザンをつける。

3 1のケーキに結晶をのせて完成。大きい結晶は中心から少しずらしてのせ、小さい結晶は2つ重ねてのせる。

## レッドハート

クッキー (p.34)
アイシング (p.16)
・ベース…赤 (RD+BC)
・ライン、葉、ドット…白

1 ベースをつくり、表面が乾いたら、白のアイシングでカーブしたラインを引く。

2 ラインの左右にしずく形の葉を描く。

3 あいている部分に、5つのドットを絞って完成。

## シルバーハート

クッキー (p.34)
アイシング (p.16)
・ベース…グレー (BK)
・うずまき模様、「Noël」…白

1 ベースをつくり、うずまき模様を描く。

2 うずまき模様をクッキーの半分くらいのスペースに描き、すきまにドットを絞る。

3 右のスペースに「Noël」と描いて完成。

## シルバークリスタル

クッキー (p.34)
アイシング (p.16)
　・ベース…白
　・花、ライン、しずく、ドット、V字形の模様…グレー (BK)
アラザン

1　ベースをつくり、ひも通しの穴を中心に花を描く。軸となる5本のラインを放射状に引き、それぞれの先にしずく形を3つ1組で描く。

2　しずく形の先にドットを絞り、軸の半分くらいの大きさの花を中央に描く。

3　花としずく形の間にV字形の模様を描き、中央にアラザンをのせて完成。

## ノエル

クッキー (p.34)
アイシング (p.16)
　・ベース…グレー (BK)
　・ライン、ドット、葉、「Noël」…白

1　ベースをつくり、写真のようにカーブした4本のラインを引く。

2　上2本のラインの間に、ドットを等間隔に絞る。ほかのラインは、左右にしずく形の葉を描く。上下のラインで葉の向きを変える。

3　「Noël」と描いて完成。

## Idea
### オーナメントクッキーのつくり方

抜き型にひも通しの穴がなくても、自分でつくる方法を紹介します。

1　飾りたいクッキー生地と、ダイヤ型で抜いた生地を用意する。ダイヤ形の生地が、ひもを通す部分になる。

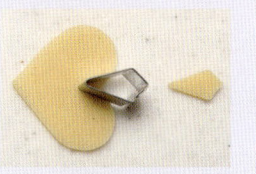

2　ダイヤ型の先で、飾りたいクッキー生地の一部を抜く。

3　抜いた部分にダイヤ形の生地をつけてなじませる。

4　とびだした部分にストローなどで穴をあけて完成。

ニューイヤー / New Year

# Happy New Year!

洋と和を組みあわせた、新年の団らんを彩る市松ケーキ。
パーツをのせるだけだから、忙しいお正月準備にぴったり。

**材料とつくり方**

## ホワイトカメリア

バタークリームケーキ／小 (p.28)
［縦15×幅15×高さ6cm］
　・バタークリーム…白
飾り用ペースト (p.27)
　・花芯…黄 (GY)
　・つばき…白
　・葉…緑 (MG+BR)
　・市松模様…黄 (GY)
アイシング (p.16)
　・花芯…黄 (GY)
ノンパレル

**1** 花芯をつくる。ペーストをあずき大に丸め、先端を指で押さえて平らにする。アイシングを絞り、ノンパレルをつける。

**2** つばきを2つつくる。花型でペーストを抜き、スポンジパッドにのせ、へらで花びらをのばす。手で形を整えて、小さい器に入れ、丸みをつける。

**3** 2を裏返して小さな容器に入れ、丸みをつける。

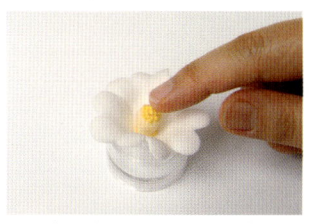

**4** つばきの中央にアイシングを絞り、花芯を接着する。もう1つも同様につくる。

**5** 葉を3つつくる。葉型でペーストを抜き、へらで中心に縦線を引いて葉脈にする。

**6** 根元と先端つまんで形を整える。

**7** 市松模様のパーツをつくる。約3cm四方の正方形に切ったペーストを13枚用意する。

**8** バタークリームをぬったケーキに、7を市松模様になるようにのせる。

**9** 4のつばきをケーキの右下にアイシングで接着する。つばきの下に葉を差しこむように接着して完成。

＊使っている食用色素はp.19参照、型の型番はp.110参照

## 松

クッキー (p.34)
アイシング (p.16)
- ベース…白
- 枝、葉…緑 (MG+BR)

1 ベースをつくり、枝となるラインを引く。横のラインはまっすぐではなく、への字のように少し角度をつけて描く。

2 枝に沿って葉を描いて完成。

## 竹

クッキー (p.34)
アイシング (p.16)
- ベース…緑 (MG+BR)
- 葉…黄 (GY)

1 ベースをつくり、葉の形にあわせて縁どりを描く。

2 カーブをつけて葉脈を描いて完成。

## 梅

クッキー (p.34)
アイシング (p.16)
- ベース…薄ピンク (RS)
- 花芯…茜 (RS+BR)

1 梅のベースをつくり、中央に花芯を描く。

2 それぞれの花芯の先にドットを絞って完成。

*使っている食用色素はp.19参照、型の型番はp.110参照

## つばきのグラッセ

**バタークリームケーキ／小 (p.28)**
[ここではつくり方2までの状態で使用]
- フォンダン (p.73)…薄ピンク (RS)、黄 (GY)

A B C共通
**アイシング (p.16)**
- つばき (型紙p.110)…赤 (RD+BC)
- 花芯…白、黄 (GY)
- 葉…緑 (MG+BR)
- うずまき模様、ドット、しま模様…白

**1** 「アイシングパーツのつくり方」(p.24) の要領で、つばきのアイシングパーツをつくる。型紙にあわせてリング状の花を描いて、葉を描き、中央に白のアイシングで花芯を描く。最後に黄で花芯の先を足す。

**2** 完全に乾いたらシートからはずす。濃い色のアイシングは乾きにくいので、1日以上おく方がよい。

**3** 「ケーキグラッセのつくり方」(p.73) の要領で、ケーキグラッセをつくる。表面が乾いたらデコレーションをする。Aはうずまき模様を描く。

**4** Bは全体のバランスをみながら、ドットを絞る。

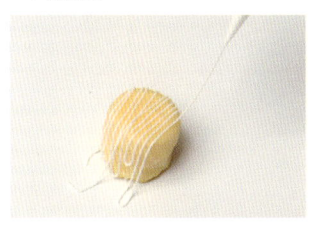

**5** Cは、少し高い位置からコルネを左右にふって、しま模様を描く。

**6** 2のつばきの裏にアイシングを絞り、ケーキに接着して完成。

part4 スイートアニバーサリー 101

バレンタイン／St. Valentine's day
# 幸せをとどける花

ペーストのパーツが多いぶん、アイシングのあしらいを少なくしました。
ちょっと時間はかかるけど、ゆがみが目立ちにくいデザインです。

**材料とつくり方**

### 幸せのマーガレット

シュガーケーキ／大 (p.30)
・シュガーペースト…薄ピンク (RS)
飾り用ペースト (p.27)
・花…白、からし色 (GY+BR)
・花芯…黄 (GY)、からし色 (GY+BR)
・葉…薄緑 (MG)
アイシング (p.16)
・ドット、つぼみ、模様…白
・茎…薄緑 (MG)
ノンパレル

1 ケーキに貼りつけるパーツをつくる。デイジー型でペーストを抜き、抜き型などでV字形の切りこみを入れる。

2 白の花に、黄の花芯のペーストをのせて、めん棒でのばす。斜め方向にのばして、わざと形をゆがませる。からし色の花は、濃いからし色の花芯をのせて同様につくる。

3 葉のパーツをつくる。しずく型でペーストを抜き、左右に切りこみを入れてめん棒でのばす。

4 花のパーツをつくる。デイジー型でペーストを抜き、へらで中央を押して立体感をだす。中心にアイシングを絞り、ノンパレルをつける。

5 2の花のパーツにアルコールをつけてケーキに貼りつける。先に白い花を貼ると、きれいに配置できる。

6 葉のパーツを花の下に差しこむようにして貼りつける。

7 花芯の周囲にアイシングでドットを絞り、あいているスペースに茎とつぼみを描く。

8 写真のように、ケーキの縁に白のアイシングで模様を描く。

9 4の花をバランスよくアイシングで接着して完成。

＊使っている食用色素はp.19参照、型の型番はp.110参照

## Be my Valentine

クッキー (p.34)
飾り用ペースト (p.27)
・花…白
・花芯…黄 (GY)
・葉…薄緑 (MG)
アイシング (p.16)
・ベース…茜 (RS+BR)
・ライン、フリル、ドット、つぼみ、「Be my Valentine」…白
・茎…薄緑 (MG)

1 デイジー型で抜いたパーツの花びらの先に、V字形の切りこみを入れ、中心に花芯のペーストをのせる。

2 めん棒でのばす。斜め方向にのばして、わざと形をゆがませる。

3 ベースをつくって乾かし、2をアルコールをつけて貼りつける。余分な部分は切り取る。

4 「幸せのマーガレット」3 (p.103) のように、しずく形のペーストの左右に切りこみを入れて葉をつくり、めん棒でのばして貼りつける。

5 クッキーの形にあわせてラインを引き、ラインに沿ってフリルを描く。

6 左側のスペースに「Be my Valentine」と描く。花のパーツの花芯にドットを絞る。花の間に茎とつぼみを描いて完成。

## アラベスク

クッキー (p.34)
アイシング (p.16)
・ベース…薄ピンク (RS)
・アラベスク模様、ドット…茜 (RS+BR)

1 ベースをつくって乾かし、アラベスク模様を描く。中心となるラインから描きはじめ、模様を描き足す。

2 クッキーの右半分を、アラベスク模様でまんべんなく埋める。

3 模様の間にドットを絞って完成。

## Love

クッキー (p.34)
アイシング (p.16)
・ベース…アイボリー (GY)
・「Love」…茜 (RS+BR)
・ライン、フリル…白

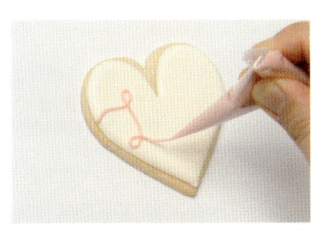

1 ベースをつくって乾かし「Love」を描く。筆記体は一気に描かないとゆがみやすいので、何度か練習するとよい。

2 「Love」の文字がかかるところは避けて、クッキーの形にあわせてラインを引く。

3 ラインに沿ってフリルを描き足して完成。

## バレンタインポップ

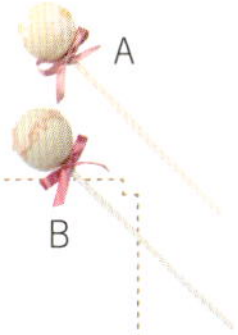

ケーキボール (p.85)
A
飾り用ペースト (p.27)
・花…白
・花芯…黄 (GY)
アイシング (p.16)
・ドット…黄 (GY)
B
アイシング (p.16)
・「Love」…茜 (RS+BR)

1 「ケーキボールのつくり方」(p.81) の要領で、ケーキボールをつくる。Aは、花型で抜いたペーストの中心に、花芯のペーストをのせ、めん棒でのばしてアルコールで貼りつける。花芯の周りにドットを絞って完成。

2 Bは、チョコレートの表面が乾いたら、アイシングで「Love」を描いて完成。

3 発泡スチロールなどにさして乾かす。

# Sweets gift Style
スイーツギフトスタイル

気持ちをこめてつくったお菓子だからこそ
よりすてきに贈りたいもの。
ちょっとした工夫で見ばえがよくなる、
ワンランク上のラッピングアイデアを紹介します。
お菓子がメインのギフト、
メインに添えたいサブのギフト、
お持ち帰りできるギフトなど
シーンにあわせて使いわけて。

### クリアボックスで
### ケーキを見せる

デコレーションに存在感があるシュガーケーキを、ラッピングでかくしてしまうのはもったいない！ でもクリアボックスだったら、手わたしした瞬間から、かわいさと気持ちが伝わります。中の台紙やリボンの色をケーキとコーディネートすると、よりおしゃれに。

### プレゼントするときは

**ケーキは固定する**

シュガーケーキは繊細。ちょっとした衝撃でもひびや破損の原因になります。台紙などにアイシングで固定して、動かないようにしましょう。

**クッキーは湿気対策を**

クッキーは湿気に弱いので、乾燥剤を入れ、できればシーラーなどで密閉しましょう。複数のクッキーをセットにして贈るときも、ひとつずつ袋に入れたほうが安心です。

### フェイクフラワーを
### あしらって

クッションがわりに、造花を入れても。季節の花を選ぶと、センスのよさが光ります。

### モチーフリンクの
### ギフトセット

たとえば、チャイの茶葉にインドモチーフのお菓子をあわせるなど、メインギフトとお菓子をコーディネイトさせて詰め合わせに。相手をよろこばせたい人のこだわりギフトです。

### 保存容器を
### うまく利用する

意外なところでタッパーなどの保存容器も使えます。シンプルなものでも、かわいい紙皿を敷いてリボンをかければOK。保存容器のふたの周囲にマスキングテープを巻くのもおすすめです。保存性もよいので一石二鳥ですね。

### ジュエリー仕立ての
### シュガーケーキ

手ごろなジュエリーボックスに入れるのも、ひとつの手です。ケーキの繊細なデコレーションが際立ちます。

スイーツギフトスタイル

# Sweetsgift Style
スイーツギフトスタイル

### そのまま飾れる
### オーナメント風

ひもが通せるオブジェ仕様のクッキーなら、ラッピングしたまま飾れるように工夫を。袋に少し切りこみを入れて、ひもだけを外に出しましょう。

### テーマを感じさせる
### スイーツギフト

テーマを決めて、モチーフをそろえても喜ばれそう。ハロウィンのようなイベントだけでなく、好きな物語をイメージしてつくっても、楽しい贈りものになるでしょう。リボンの色もそろえてトータルコーディネートしても。

### 絵画のように
### フレームイン

フレームや写真立てのなかにクッキーを入れてラッピングしてみました。

### たくさん包むときは
### シンプルがベスト

引菓子など、作る数が多いときは、手間ひまかけずが最優先。ラッピングがシンプルなときこそ、リボンや台紙でアクセントをきかせて！

### 三角ボックス

ちょっとした贈りものには、手軽につくれる三角ボックスがおすすめ。好きな紙で、サイズも自由につくれるからどんなお菓子にも使えます。

### 台紙もおしゃれに
### ひとくふう

ただ袋に入れるだけでは味気ないというときは、台紙を入れるとスタイリッシュに！ 柄あわせが難しいという人は、白いトレーシングペーパーを入れるだけでも雰囲気が変わりますよ。

### 三角ボックスのつくり方

1. お菓子の一番長い辺の、縦2.5倍、横3倍の紙を用意する。紙の中央で端が約1cm重なるよう3つ折りにし、のりで貼り合わせて筒状にする。
2. 一方の端の左右を三角に折り、さらに1cm程度内側に折って、のりで貼り合わせて袋状にする。
3. 中に三角形に切った台紙を敷き、ケーキなどを入れる。折り目同士を合わせるように口を閉じ、端から巻くようにして折る。のりやテープで留めて完成。

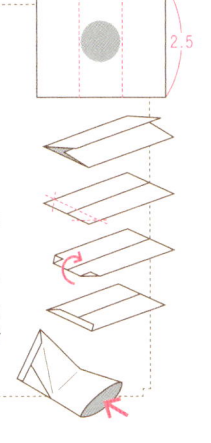

スイーツギフトスタイル　109

## この本にでてくる抜き型と取扱店舗

| p. | 作品名 | 商品名 | 取扱店舗 |
|---|---|---|---|
| 36 | **フォークロアのケーキとクッキー** | | |
| | サークルドット | Stadter クッキー型42pcセット／ベーシック | ① |
| 40 | **スイートなバウムクーヘン** | | |
| | レース飾りのブラーク | PME 抜き型 チェックフレーム | ① |
| | レース飾りの扇 | パテ抜き型 両面使用：丸-菊 7個セット | ② |
| 42 | **エレガントなギモーヴ** | | |
| | エレガントスクエア | Stadter クッキー型42pcセット／ベーシック | ① |
| | エレガントフラワー | シュガーペースト用 デージーの抜き型 2個セット | ③ |
| 48 | **イギリス** | | |
| | ゴールドクラウン［丸］ | パテ抜き型 両面使用：丸-菊 7個セット | ② |
| | ゴールドクラウン［葉］ | Stadter クッキー型42pcセット／ベーシック | ① |
| | ゴールドクラウン［リボン］ | カッター ストリップ 5mm幅 | ② |
| | ゴールドフリル［丸］ | パテ抜き型 両面使用：丸-菊 7個セット | ② |
| | ホワイトフラワー | 抜き型 5花弁花びら／クイックローズ 42mm | ② |
| | カメオ | パテ抜き型 両面使用：丸-菊 7個セット | ② |
| | ユニオンジャック | パテ抜き型 両面使用：丸-菊 7個セット | ② |
| | ピンククラウン | Stadter クッキー型／王妃冠 | ① |
| 54 | **アメリカ** | | |
| | ブラックドレス | クッキー型／ガウン | ① |
| | ブーツ | Stadter クッキー型／ハーフブーツ | ① |
| | サングラス | クッキー型／サングラス | ① |
| | ジュエリーボックス［バラ柄］ | テクスチャーシートセット フローラル | ③ |
| | ジュエリーボックス［丸］ | パテ抜き型 両面使用：丸-菊 7個セット | ② |
| | リボンビジュー［丸］ | Stadter クッキー型42pcセット／ベーシック | ① |
| | デイジータワー［丸］ | パテ抜き型 両面使用：丸-菊 7個セット | ② |
| | デイジータワー［デイジー］ | シュガーペースト用 デージーの抜き型 2個セット | ③ |
| 58 | **インド** | | |
| | ゴールデンペイズリー | Stadter クッキー型42pcセット／ベーシック | ① |
| | ゴールデンスクエア | Stadter クッキー型42pcセット／ベーシック | ① |
| | ロータス［丸］ | パテ抜き型 両面使用：丸-菊 7個セット | ② |
| | ロータス［花］ | 抜き型 ペチュニアの花びら・小 | ② |
| | エレファント | Stadter クッキー型／ゾウ | ① |
| 62 | **チェコ** | | |
| | ダリアモチーフ［葉］ | Stadter クッキー型42pcセット／ベーシック | ① |
| | ダリアモチーフ［ダリア］ | シュガーペースト用 デージーの抜き型 2個セット | ③ |
| | ダリアモチーフ［小花］ | シュガーペースト用 小花の抜き型 | ③ |
| | チェリーモチーフ［クッキー］ | パテ抜き型 両面使用：丸-菊 7個セット | ② |
| | チェリーモチーフ［葉］ | Stadter クッキー型42pcセット／ベーシック | ① |
| | マーガレットモチーフ | パテ抜き型 両面使用：丸-菊 7個セット | ② |
| | プチダリアモチーフ［クッキー］ | シュガーペースト用 デージーの抜き型 2個セット | ③ |
| | プチダリアモチーフ［ダリア］ | パテ抜き型 両面使用：丸-菊 7個セット | ② |
| | プチダリアモチーフ［葉］ | Stadter クッキー型42pcセット／ベーシック | ① |
| | リースモチーフ | パテ抜き型 両面使用：丸-菊 7個セット | ② |
| 66 | **トルコ** | | |
| | ブルーモザイク | シュガーペースト用 デージーの抜き型 2個セット | ③ |
| | プチブルーモザイク | シュガーペースト用 デージーの抜き型 2個セット | ③ |
| 70 | **フランス** | | |
| | ロマンティックローズ［ブラーク］ | PME 抜き型 チェックフレーム | ① |
| | ロマンティックローズ［バラ］ | 抜き型 ガレットフリル 4種 | ② |
| 76 | **ウエディング** | | |
| | 大きなピオニー | フラワー抜き型セット | ③ |
| | プリムローズ | フラワー抜き型セット | ③ |

## アイシングパーツの型紙

この本にでてくるアイシングパーツの型紙です。「アイシングパーツのつくり方」(p.24)を参考に、パーツをつくってみましょう。別紙にトレースするか、コピーして使ってください。

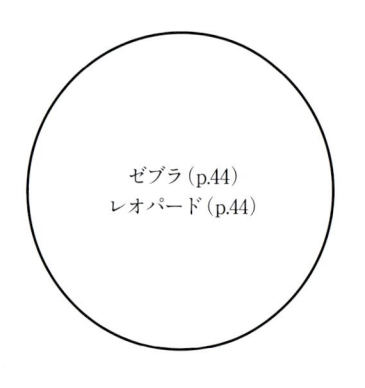

ゼブラ (p.44)
レオパード (p.44)

フェザー (p.44)

カメオ (p.48)

キュートなゴースト (p.90)

取扱店舗……①ナッツデコ http://www.nut2deco.com/　②キッチンマスター http://store.shopping.yahoo.co.jp/kitchenmaster/index.html
③フレッシュクリーム http://www.freshcream.jp/　④コッタ http://www.cotta.jp/

| p. | 作品名 | 商品名 | 取扱店舗 |
|---|---|---|---|
|  | ホワイトボール | シュガーペースト用小花の抜き型 | ③ |
|  | バードプレート [プレート] | 抜き型 額縁 (p-2) | ② |
|  | バードプレート [小鳥] | Stadter ミニ★クッキー型／小鳥 | ① |
|  | バードプレート [花] | シュガーペースト用小花の抜き型 | ③ |
|  | ブライダルパンプス [クッキー] | クッキー型／ハイヒール | ① |
|  | ブライダルパンプス [花] | シュガーペースト用小花の抜き型 | ③ |
| 82 | バースデー | | |
|  | カラフルバースデー | FoxRun ミニ★クッキー型26個セット缶／アルファベット | ① |
|  | パステルバースデー [クッキー] | FoxRun クッキー型6個セット缶／正方形スクエア (四角) | ① |
|  | パステルバースデー [フリル] | 抜き型 ストレートフリル (3) 4本 | ② |
|  | ボーダーの7 [クッキー] | クッキー型 9pcセット箱／数字 | ① |
|  | 水玉の1 [クッキー] | クッキー型 9pcセット箱／数字 | ① |
|  | 水玉の1 [丸] | Stadter クッキー型42pcセット／ベーシック | ① |
|  | サークルの2 [クッキー] | クッキー型 9pcセット箱／数字 | ① |
|  | サークルの2 [丸] | Stadter クッキー型42pcセット／ベーシック | ① |
| 86 | ベイビーシャワー | | |
|  | デイジーグリーン [デイジー] | シュガーペースト用 デージーの抜き型 2個セット | ③ |
|  | デイジーグリーン [プレート] | パテ抜き型 両面使用：丸-菊 7個セット | ① |
|  | BABY [丸] | パテ抜き型 両面使用：丸-菊 7個セット | ① |
|  | BABY [BABY] | FoxRun ミニ★クッキー型26個セット缶／アルファベット | ① |
|  | あひるのポップ | BIRKMANN クッキー型／アヒル (ステンレス) | ① |
|  | くまのポップ | Stadter クッキー型／白クマ (ステンレス) | ① |
|  | お花のポップ | FoxRun クッキー型6個セット缶／お花 | ① |
| 90 | ハロウィン | | |
|  | BOO! [BOO!] | FoxRun ミニ★クッキー型26個セット缶／アルファベット | ① |
|  | グリーンパンプキン | Fox Run クッキー型4pcセット／ハロウィン | ① |

| p. | 作品名 | 商品名 | 取扱店舗 |
|---|---|---|---|
|  | ホワイトオウル | Fox Run クッキー型4pcセット／ハロウィン | ① |
|  | グレーバット | Fox Run クッキー型／怒ってるコウモリ | ① |
| 94 | クリスマス | | |
|  | ひいらぎのリース | 抜き型 ヒイラギの葉 4サイズ | ② |
|  | スノークリスタル | FoxRun 抜き型 (プッシュ式) 雪の結晶 3pcセット | ① |
|  | レッドハート | BIRKMANN クッキー型／ハート6.5cm | ① |
|  | シルバーハート | BIRKMANN クッキー型／ハート6.5cm | ① |
|  | シルバークリスタル | クッキー型6pcセット箱／クリスマス・オーナメント | ① |
|  | ノエル | クッキー型6pcセット箱／クリスマス・オーナメント | ① |
|  | オーナメントクッキー [ダイヤ] | クッキー型5pcセット缶／雪の結晶 | ① |
| 98 | ニューイヤー | | |
|  | ホワイトカメリア [花] | フラワー抜き型セット | ③ |
|  | ホワイトカメリア [葉] | バラのリーフ抜き型セット | ③ |
|  | 松 | I8-8ビスケット抜き型 (6ヶ入) 大 | ④ |
|  | 竹 | I8-8ビスケット抜き型 (6ヶ入) 大 | ④ |
|  | 梅 | I8-8ビスケット抜き型 (6ヶ入) 大 | ④ |
| 102 | バレンタイン | | |
|  | 幸せのマーガレット [花] | シュガーペースト用 デージーの抜き型 2個セット | ③ |
|  | 幸せのマーガレット [葉] | Stadter クッキー型42pcセット／ベーシック | ① |
|  | Be my Valentine [クッキー] | BIRKMANN クッキー型／ハート6.5cm | ① |
|  | Be my Valentine [花] | シュガーペースト用 デージーの抜き型 2個セット | ③ |
|  | Be my Valentine [葉] | Stadter クッキー型42pcセット／ベーシック | ① |
|  | アラベスク | BIRKMANN クッキー型／ハート6.5cm | ① |
|  | Love | BIRKMANN クッキー型／ハート6.5cm | ① |
|  | バレンタインポップ | シュガーペースト用 デージーの抜き型 2個セット | ③ |

※紹介している商品名および取扱店舗名は掲載時のものです

ゴールドクラウン (p.48)

ひいらぎのリース (p.94)

ウィッチハット (p.90)

つばきのグラッセ (p.98)

### 森 ゆきこ　Yukiko Mori

ケーキデコレーター。調理/製菓コースで定評のあるロンドンのウェストミンスター・キングスウェイ・カレッジとシュガークラフトの名門ブルックランズカレッジにて、ケーキデコレーションを学ぶ。英国内外で活躍するケーキデザイナー、ペギー・ポーションのケーキスタジオで修行。滞在中は数々の賞を受賞し、2008年末に帰国。現在、東京にてスイーツデコレーション教室を定期的に開いている。
HP　http://roseysugar.com/

◆材料協力
**株式会社アントレックス　WILTON JAPAN事業部**
http://www.viceversa-e.com/realshop/wiltonclass/

**キッチンマスター**
http://www.kitchenmaster.jp/

**コッタ (cotta)**
http://www.cotta.jp/

**ナッツデコ (nut2deco)**
http://www.nut2deco.com/

**フレッシュクリーム**
http://www.freshcream.jp/

◆スタイリング協力
**AWABEES**
東京都渋谷区千駄ヶ谷3-50-11 5F　　TEL 03-5786-1600

撮影 ……………………木村純
スタイリング、ラッピング…石井あすか
編集協力 ………………笠川雅代（ダグハウス）
デザイン ………………佐々木恵実（ダグハウス）
校閲 ……………………くすのき舎

アイシングでつくる 愛されるお菓子
# シュガーケーキ＆クッキー
2012年10月20日 発行

著　者　　森 ゆきこ
発行者　　友田 満
印刷所　　図書印刷株式会社
製本所　　図書印刷株式会社
発行所　　株式会社日本文芸社
　　　　　〒101-8407　東京都千代田区神田神保町1-7
　　　　　TEL 03-3294-8931（営業）03-3294-8920（編集）
　　　　　Printed in Japan 112121009-112121009 Ⓝ 01
　　　　　ISBN978-4-537-21044-6
　　　　　URL http://www.nihonbungeisha.co.jp/
　　　　　© Yukiko Mori 2012

乱丁・落丁本などの不良品がありましたら、小社製作部宛にお送りください。
送料負担にておとりかえいたします。
法律で認められた場合を除いて、本書からの複写（電子化を含む）は禁じられていません。
また、代行業者等の第三者による電子データ化及び電子書籍化は、いかなる場合も認められていません。
（編集担当：角田）